AtV

Tilo Köhler, 1955 in Babelsberg geboren, wuchs in Brandenburg auf, lernte Hochseefischer, holte auf dem zweiten Bildungsweg sein Abitur nach, studierte Germanistik, arbeitete als wissenschaftlicher Assistent an der Humboldt-Universität Berlin, als Verlagslektor und freier Journalist. Bislang erschien von ihm die Trilogie »Unser die Straße – unser der Sieg« (1993), »Kohle zu Eisen – Eisen zu Brot« (1994) und »Lust am Schaffen – Freude am Leben« (1995), ein Buch über Täve Schur und die Friedensfahrt, »Der Favorit fuhr Kowalit« (1997), und der Roman »Comedian Harmonists« (1998).

Mittlerweile von der Kritik mit Urteilen wie »schamlos kenntnisreich«, »blendend« oder »unglaublich amüsant« und Vergleichen mit Benjamin oder Amery ausgestattet, machte sich Tilo Köhler auf seinen zweiten Spaziergang durch die frühe DDR – diesmal in die erste Reißbrettstadt. Stalinstadt, geplant als unabhängige Musteroase des Sozialismus, zeigte wie keine andere Kommune die ungewollte Komik, die der Spagat zwischen durchaus aufrichtigem Anspruch und eher eingeschränkter Wirklichkeit jahrein, jahraus erzeugte. Daß Tilo Köhler die zahllosen Episoden, bei aller Ironie, stets voller Zuneigung zu den Bewohnern erzählt, trug dem »Karrikaturisten der DDR-Literatur« den Literaturförderpreis des Landes Brandenburg ein.

Tilo Köhler

KOHLE ZU EISEN
–
EISEN ZU BROT

Die Stalinstadt

Aufbau Taschenbuch Verlag

Mit 37 Abbildungen

ISBN 3-7466-1562-3

1. Auflage 1999
Aufbau Taschenbuch Verlag GmbH, Berlin 1999

Umschlaggestaltung Torsten Lemme unter Verwendung
eines Fotos aus dem Bundesarchiv Koblenz, ADN-Archiv
Druck Ebner Ulm
Printed in Germany

»Wie geht's, wie steht's« – so fragte Walter Ulbricht 1953 junge Stalinstädter scherzend, die ihn nach der Namensgebung ihrer Siedlung feierlich umringten. »Großartig«, erwiderten die jungen Stalinstädter scherzend – denn sie waren von keiner blassen Ahnung auch nur angekränkelt, welcher Vorsehung sie ihre Weihe dankten. Denn am siebten Mai, dem Vorabend des Tages der Befreiung, wären sie beinahe noch Karl-Marx-Städter geworden: erst zwei Monate zuvor, der März gab längst noch nichts für Tauwettermetaphern her, war Stalin hingegangen – und das Leben unseres großen Sohns aus Trier ganz plötzlich zu entrückt, als daß man noch die Erste Stadt des Sozialismus, mitten in der Trauerzeit, auf dessen Namen hätte taufen mögen. Walter Ulbricht, Generalsekretär der Partei, gab sich in seiner Rede insofern weit souveräner, als er wirklich war, wenn er die so profane Taufe zur Entscheidung höheren Orts ernannte; tatsächlich aber war sie allerhöchsten Orts gefallen und kam also ausnahmsweise wirklich einmal von – ganz oben. Doch Genosse Ulbricht formulierte sie nicht als Ergebenheitsadresse an das Unvermeidliche, er sprach vielmehr von einer Kampfansage und dem Herzenswunsch der Werktätigen. Denn auch das konnte er seinerzeit beim besten Willen noch nicht ahnen: wie wörtlich ihn auch die jungen Stalinstädter schon im Juni dieses Jahres, ein paar Wochen später nur und ganz im Sinne dieser Floskel, nehmen und aus ihrem Herzenswunsch tatsächlich eine Kampfansage machen würden.

Stalinstadt war also nicht in den Genuß des kleineren Übels

bei der Namenszuteilung gelangt; die Messestadt am Pleißestrand wurde im folgenden erkoren, ihren guten Namen gegen den des kapitalen Autors einzutauschen. Doch auch Leipzig mußte von der Marxschen Weihe leichten Herzens Abstand nehmen, wenn die Gründe dafür auch vitaler schienen als in Stalinstadt – der Standort etablierter Musterschauen sollte in der jungen Republik als Tor zur Welt gehandelt werden und bedurfte so auch weiterhin des alten Namens. Die Besucher Leipzigs aber lud in frühen Messejahren schon die gutgebaute Miniatur der Stalinstadt zur freundlichen oder auch kritischen Betrachtung: das Modell war nicht nur äußerst plastisch und mit großer Liebe ausgeführt, es war zugleich von großer Wandlungsfähigkeit, denn wenn sich westdeutsche und West-Berliner Messegäste nach dem Stand des Baugeschehens erkundigten, so wurde schnell noch eine kleine Kirche in den Pappmachéentwurf gesenkt, die unsere ungläubige Bevölkerung wohl besser nicht erst sehen sollte.

Leipzigs Tradition als Ort geschäftlicher Begegnungen war 1953 längst noch nicht Garant, auch künftig gutbetuchten Maklern aller Länder aufzuwarten; erst Nikita Chruschtschows livehaftige Rundgänge ein halbes Dutzend Jahre später halfen der sensiblen Messe zu der Popularität, die sie sich längst erhofft hatte. Schon Hunderttausende saßen da vor den Fernsehern in Ost und West und fieberten dem nächsten volkstümlichen Ausrutscher des angeblichen Maisbauern entgegen; denn für Chruschtschow war die angestrebte Überlegenheit nur eine Frage des Know-how – er sprach stets vom »How-Know« –, und das besorgte er sich eben bei den Wodkarunden durch die Stände Leipzigs. Deutsche Ingenieurkunst war nur eine der Marotten von Nikita, namentlich die westdeutsche, mit der man, wenigstens vermeintlich oder für geraume Zeit, doch dafür wie im Handumdrehen, die Engpässe im eigenen Lande überbrücken konnte. Dreißigtausend Kühlschränke am linken, eine halbe Million Schuhe oder zwei Millionen Plasteschüsseln gleich darauf am rechten Stand zu or-

Ausstellung zur II. Parteikonferenz eröffnet.
»Aus Anlaß der II. Parteikonferenz der SED wurde am 8. Juli 1952 in Berlin eine repräsentative Ausstellung eröffnet, die unter dem Motto ›Die SED, der Vortrupp des deutschen Volkes für Frieden, Einheit und Aufbau‹ einen umfassenden Einblick in die führende Rolle der SED gibt.
Professor Leusch (vorn rechts mit weißem Hemd) erklärt den Besuchern das Modell der von ihm entwickelten neuen ›Sozialistischen Stadt‹ für das Eisenhüttenkombinat Ost.«

dern, war inzwischen für Chruschtschow ein kleiner Fisch, und zu Beginn der sechziger Jahre wußte er bereits genau, was die Sowjetunion an fortgeschrittenem »How-know« benötigte. Noch ein paar Jahre früher war er, nur beim Anblick eines Fahrradladens, beinah in die Wagen einer Straßenbahn gelaufen, mittlerweile gab er selbst den anfangs noch hofierten Unternehmern gern Bescheid.

Böse Zungen allerdings behaupteten schon seinerzeit, daß Walter Ulbricht selbst dafür gesorgt habe, die Messestadt um Marxens Namenszug zu bringen – er war schließlich hier geboren, warum sollte seine Vaterstadt auf einen fremden Namen hören? Und warum sollte, nachdem er schon verschiedenen Fabriken, Sportarenen und Akademien mit dem werten eigenen Namen ausgeholfen hatte, nicht auch Leipzig dieses Privileg erfahren? Für die Sachsenmetropole war so jedenfalls zumindest der Marxsche Bart ab und der große Philosoph vom Tisch – wohin mit ihm, in dessen Namen und Ideen sich die jungfräuliche Republik für immer häuslich einzurichten glaubte?

Walter Ulbrichts Einfall lag im Wortsinn nahe – er umflorte 1953 das verrußte Chemnitz mit dem Namen von Karl Marx, und er verband damit blasphemisch eine ganz private Hoffnung: wenn demnächst aus Leipzig erst die Walter-Ulbricht-Stadt geworden sei, so wäre er für alle Zeit der dritte in dem Bund der großen Denker, Leipzig wiederum im Dreiklang jener nominierten Städte die lebendigste der Ausgezeichneten – dank des sportiven sächsischen Patrons und Namensgebers.

»Auf, Proletarier,
die Welt ist dein.
Nimm sie dir, nimm sie dir,
du bist im Recht.«

Fürs erste also blieb Genosse Ulbricht taktisch auf dem roten Teppich und begnügte sich in Stalinstadt damit, das Fußballstadion mit seinem Namen zu verzieren, auch wenn die Kicker Stalinstadts nicht gerade Führungsqualitäten hatten. Damals rekrutierte sich das Oberhaus des DDR-Fußballs noch aus so imponierenden Vereinen wie Favorit Brieske Ost und Empor Lauter, aber auch den Bolzern aus dem steilwandigen Ort Meerane, der die Friedensfahrer alle Jahre wieder zur Verzweiflung brachte. Selbstverständlich waren die ersten Straßen in der Ersten Stadt des Sozialismus für die Friedensfahrer mehr als irgendein Kriterium; bevor sie aber in das Walter-Ulbricht-Stadion der Stahlkommune sausten, mußten sie erst einmal durch das gleichnamige in der neuen Hauptstadt. Wilhelm Pieck war längst schon anwesend und wartete mit sechzigtau-

Wilhelm Pieck in Eisenhüttenstadt

»Präsident Wilhelm Pieck besichtigte am 22. September 1954 die herrlichen neuen Wohnhäuser, den vorbildlich eingerichteten Kindergarten I und machte am Nachmittag eine Rundfahrt durch das Eisenhüttenkombinat und unterhielt sich mit den Arbeiterinnen und Arbeitern dieses Werkes.«

send Friedensfreunden und Geduld auf den verbummelten Patron, um ihn nun endlich stürmisch zu begrüßen. Schließlich konnte es bei größeren Verspätungen geschehen, daß die Friedensfahrer fälschlich die Begeisterung auf sich bezogen, wenn die Ovationen von den brechend vollen Rängen auf die Führung niederprasselten. Doch da sie glücklich erst im Schein der Abendsonne im Oval erschienen, blieb die schreckliche Verwechslung aus – schon hundertmal und mehr hatte der Generalsekretär seinen Strohhut in die Luft geworfen, als der erste Fahrer in der Stadioneinfahrt auszumachen war. Das Feld hatte sich seinerseits beinahe selbst vertrödelt und den herzlichen Empfang vom Vortag noch nicht völlig ausgeschwitzt: mit echtem Schultheiß-Patzenhofer hatte sie die Bürgerschaft des kleinen Städtchens Treuenbrietzen zwischen unserer Messemetropole und Berlin am riesigen Erfrischungszelt begrüßt. Dabei gefielen sich die Sportberichte in fast höfischer Diktion und hatten unsere Flitzer schon zu Rittern des Pedals geschlagen, welche eine Lanze für den Frieden und die werktätigen Mädels an der Piste gleichermaßen brachen. Die bestaunten und bejubelten die gutgebauten Friedensboten, während beispielsweise Schwarzwaldmädels leer und ohne solche Burschen ausgehen mußten – da war Adenauers Unmut vor, dem diese gut zweitausend Kilometer für den Frieden allenfalls als durchsichtige Tour erschienen.

»Patrioten in Ost und West
hassen Adenauer wie die Pest.
Drum werden die werktätigen Massen
die Aktionseinheit schaffen.«

Einheitlichen Übermut zeigten denn auch unsere festlich angezogenen Stalinstädter, denen die willkommene Flucht vom Arbeitsplatz und aus den Klassenzimmern die abenteuerlichsten Possen eingab. »Keine Blumen werfen!« warnte eine Zeitung, wenn auch die Begeisterung unseres Volkes und insbesondere seiner Schuljugend mehr als verständlich sei. Man solle dennoch »von der Geste Abstand nehmen«, hieß es weiter, und im übrigen noch Hinweise beachten. Unsere Landsleute zum Beispiel, die die ländliche Umgebung Stalinstadts bevölkerten, sollten auf jeden Fall ihr »Kleinvieh einsperren«, damit es wenigstens in diesen Stunden keinen Mist verzapfe. Auch vor falschem bäuerlichen Mitleid mit unseren Strampelbacken wurde abgeraten, und ein Kommentar wies sogar an, nicht eimerweise Wasser auf die Fahrer zu vergießen. Noch gefährlicher war freilich, einem Ritter bei Defekten der Pedale beizuspringen, schließlich würde man gerade so den Sportsfreund aus dem Rennen und dem Sattel werfen. Friedensfahrer waren Friedenskämpfer, die auch ohne fremde Hilfe fest im Sattel sitzen mußten – sehen würde man sich ohnehin, denn es war längst auch in Stalinstadt der gute Brauch, dem Patenbetrieb nach dem Rennen schlemmernd eine Visite zu vergönnen. »Jubel, Blumen(!), lachende Gesichter« und ein aufgeputztes Werktor sahen die Reporter, aber wer sich noch des volkseigenen Floralia-Angebots erinnert, wird die blühendphantasievollen Berichte ohnehin für frei erfunden und es lieber gleich und faustisch mit dem renommierten Gatten eines Blumenmädchens halten:

»Doch an Blumen fehlt's noch im Revier;
sie nimmt geputzte Menschen dafür.«

Kehren wir von unseren Stadionrunden in der Hauptstadt nun zurück zu Chruschtschows Messerunden und auf diese Weise – manchen sicher überraschend – zur Geschichte Stalinstadts, das viele Launen unserer Großen mit Gelassenheit ertrug, jedoch auf einen prominenten ökonomischen Fauxpas des Ersten Kommunisten Nikita in der Messestadt mit Unmut reagieren mußte: denn geradezu als rufschädigend dürften es Erbauer und Bewohner unserer Stahlkommune seinerzeit empfunden haben, daß Chruschtschow bei Krupps Vertreter Berthold Beitz per Handschlag ausgerechnet um – ein Stahlwerk! –, also just um eine Eisenhütte einkam, als hätte sich nicht längst herumgesprochen, wer den Weltrekord im Aus-der-Erde-Stampfen solcher Traumfabriken innehatte. Der war sicher, als Nikita sich nach Westen wandte, schon ein wenig angejahrt, doch nach wie vor von keinem Kontrahenten eingestellt – wie war das eine und, vor allem, wie das andere möglich?

»Als das Kraftwerk wurde Volkes eigen,
sprach ein Mann, das Werk ist eine Pein.
Volkes eigen – laß das Volk nun zeigen,
was es heißt, sein eigner Herr zu sein.«

Hatte Chruschtschow etwa schon damals jene Langsamkeit entdeckt, die die Kenner heute loben? Oder war er des »Howknow« aus Ostdeutschland so schnell überdrüssig, weil es ihn an die Affäre Magnitogorsk erinnerte? Dort hatte Stalin seinerzeit das größte Eisenwerk der Welt errichten lassen, weil Geologen meinten, die Umgebung hätte eine Förderung verdient. Die Annahme, es sei vernünftig, die heraufgeholten Erze und Metalle auch an Ort und Stelle einzukochen, scheint noch heute jedermann plausibel, der von Stahlgewinnung wenigstens so viel versteht wie seinerzeit der Marschall. Aber als die ersten Schätze an die Oberfläche kamen, konnten sie zwar zu beeindruckenden Stahlprodukten ausgeschmiedet werden, doch fand man keinen Weg, sie auf die Reise in das große Land zu schicken, denn Magnitogorsk lag selbst für russische Verhältnisse fernab von jeder Bahnververbindung, die die blanken Wunder hätte transportieren können. Erich Honecker, der damals unter den Erbauern war, hat das so wenig wie die Planer von Magnitogorsk bekümmert, aber Stalinstadts Entwickler hatten die Lektion gelernt. Denn in der Oderniederung verhielten sich die Sachverhalte umgekehrt, die zwanzig Jahre später den Grund für diese Standortwahl abgaben: kein Vorkommnis im Untergrund, nichts weit und breit, was man hier irgendwie zu Tage fördern konnte, doch günstigste Verbindungen nach Ost und West, auf Wasserwegen, Straßen oder

Aufbau des Hüttenkombinats Ost schreitet voran.
*»Die Grundsteinlegung des ersten Hochofens soll am 1. Januar 1951, dem Beginn des Fünfjahrplanes, feierlich erfolgen.
U. B. z.: Beim Straßenbau im Gelände des Hüttenkombinats Ost. Die Steintrümmer der ehemaligen Rüstungsfabrik DEGUSSA werden für den Untergrund der Straßen im Gelände des Hüttenkombinats Ost verwendet.«*

abenteuerlichen Schienensträngen – selbst ein Eisenbahnerlied gehörte schon zum Repertoire der Gegend, in der künftig der Schornstein allein für die Werktätigen rauchen sollte:

»Und die Lok, sie singt,
und der Heizer winkt,
und sein Mädel
trägt ein himmelblaues Kleid«

– die Lore von der Werksbahn war vermutlich seine Maid – und unser Heizer ein gewiefter Kuppler, dem sie nicht allein anhing.

Damals hießen jene seltenen Züge, welche hin und wieder

pünktlich Stalinstadt erreichten, noch »Verspätungsbrecher«, der weit größere Rest dagegen »kranke Strecken«. Deshalb gab's am Tag des Eisenbahners auch Geschimpftes von der Zeitung, wenn in einer Reportage Hemmschuhe und Eisenbahner unverblümt in einem Atemzug genannt wurden, sie waren längst noch nicht der sensationellen Methode des sowjetischen Neuerers Lunin aufgesessen, der vorschlug, die Lok durch sorgfältige Pflege ständig störungsfrei zu halten. Unsere flügelräderigen Abenteuerer des Schienenstrangs in Stalinstadt focht solch Genie nicht an, sie hatten einen erstklassigen Freifahrtschein, der damals schon so galt wie vielen Zeitreisenden heute:

»Doch so manche uns'rer Väter,
die zuerst dagegen waren,
sah man,
allerdings dann später,
um so fortschrittsaufgeblähter,
prompt nur Erste Klasse fahren.«

Dennoch gab es hier bereits seit hundert Jahren eine feste Bahnverbindung bis nach Breslau, aber auch nach Frankfurt oder Guben. Die Textilarbeiterstadt im Süden trug fast dreißig Jahre lang den Namenszug des ersten Präsidenten Wilhelm Pieck; als dieser 1961 starb, war die Verleihung nicht, wie 1953 für die Stalinstadt, spontan entschieden worden – das hat unseren bärtigen Parteichef sicherlich gelassener gemacht, es würde auch für ihn ein Leben und ein Städtchen nach dem Tode geben. Walter-Ulbricht-Stadt gibt es noch immer nicht, doch dafür kann man sich inzwischen auch in Gubens »Panorama«-Hotel weiter aus dem Fenster lehnen und den wunderbaren Rundblick auf die umliegenden Pappdächer der Wohnblocks aus den Sechzigern genießen.

Unterhalb von Stalinstadt verläßt die Oder Deutschland Richtung Osten; vorher spaltet sie das Flüßchen Neiße ab, das stellenweise kaum auf einen Meter Tiefe kommt, doch wie der

Hüttenkombinat Ost – Schwerpunkt Nr. 1
»Arbeit vor dem Tor zur ›Straße der Jugend‹«

Mutterstrom als Grenze weiterfließt. Sie war zu keiner Zeit ein Hindernis, am wenigsten in der noch jungen DDR, die sie als Friedensgrenze deklarierte, die verbinden und nicht trennen sollte. Als die Nachbarn allerdings den Aufstand probten und man in den achtziger Jahren nur auf Einladung nach Polen kam, sind die Papiere für die Reise in die Nachbarrepublik des öfteren mit Steinschleudern über die Neiße hin- und hergegangen – wahre Freundschaft soll nicht wanken.

»Und wir stellen das Werk an die Grenze.
Und wir kennen keine Angst mehr.
Und wir fürchten nicht,
Daß dieses der Revanche verfällt!
Wir lehnen unser Werk an diese Grenze,
Wie uns selber an die Schulter eines Bruders!«

Dennoch war auch 1950 die Idee des Hüttenwerkes und der Reißbrettstadt so nah der Grenze, mitten in den sandverwehten Forsten und versumpften Wiesen, durchaus manchem abenteuerlich genug; sie schien zudem selbst damals schon etwas von jenen Launen der Regierenden zu haben, wie sie uns dann später auch in Leipzig oder Chemnitz, Stalinstadt und anderswo begegnet sind und denen Walter Ulbricht und der III. SED-Parteitag sich auch damals schon sehr gern und scheinbar leichthin überließen. Durch die Teilung Deutschlands 1949 in zwei arg verkrachte Nachbarrepubliken war die Industrie im Osten allenfalls noch Episode und Erinnerung, denn in der DDR gab es gerade noch ein Hochofenquartett, im Westen immerhin zehnmal so viele. Schuld daran gab niemand den zurückliegenden Kriegsereignissen oder gar den forcierten Demontagen durch die Sieger; Ursache war der Verrat der Schlot- und Stahlbarone, die an Rhein und Ruhr dafür die Schelte des Parteitages vernehmen mußten und zugleich die Kampfansage: EKO – das Eisenhüttenkombinat.

Von ihm versprach sich der Konvent die endgültige Unabhängigkeit vom Thyssenstahl; man wollte hier, mit proletarisch eingebrachter Energie, das Erz aus der Sowjetunion und Steinkohle aus Polen in die eigenen Formen gießen und auf diese Art zugleich zum Bruderbund zerfließen lassen.

»Wir schmelzen das Erz aus der Sowjetunion
und polnischen Koks brennend heiß –
zum eisernen Freundschaftsbeweis.«

Hans Marchwitza, Autor proletarischer Romane, die, soweit sie in den zwanziger Jahren spielten, in den Siebzigern selbst noch in Germanistenzirkeln westlicher Studieranstalten ins Gerede kamen, wurde in der jungen DDR zum Nationalautor, der wie Seghers, Bredel oder andere in den fünfziger Jahren nicht gerade die beste Hand bewies. Doch Bredels »Väter« wurden damals immerhin als Fortsetzungsroman in einer Brandenburger Zeitung abgedruckt, und seine Helden sagten hellsichtige Sätze wie zum Beispiel: »Übrigens verschwinden wir bald wieder«, oder auch so seltsame wie: »Als der kleine

Der 1. Mai 1952 im Eisenhüttenkombinat Ost
»Der Große Chor und das Orchester des Berliner Rundfunks unter Leitung des Nationalpreisträgers Helmut Koch führten die Chorkantate ›Eisenkombinat Ost‹ von Marchwitza und Gerster zu Ehren der Arbeiter der EKO auf.«

Walter in der Unterhaltung auftauchte, da schlichen alle sich auf Fußspitzen ins Nebenzimmer.« Marchwitza hingegen forderte, daß alle Feinde unsere Bücher fürchten sollten, und klang offenkundig dabei sehr bedrohlich, denn es gilt als sicher, daß es nur wenige dieser Feinde wagten, nach der »Kumiak«-Trilogie oder dem »Roheisen«-Roman zu greifen, nicht zu reden davon, sich an ihnen zu vergreifen – die verlangte Furcht grassierte längst bei potentiellen Lesern in der Adenauerrepublik.

Ein wenig unbekümmerter verschlangen unsere Menschen die bizarren Werke, wo der Strom verirrter Wesen so lang durch die Wirren seiner Zeit mäanderte, bis er als Zug von neuen Menschen entweder auf kollektivem Grund und Boden oder vor dem Sockel eines Hochofens zum Halten kam.

Unsere Dichter also traten längst nicht mehr von einem

Versfuß auf den anderen, und Marchwitza brachte es als einer der prosaischen Chronisten Stalinstadts in dieser Zeit sogar zum Librettisten einer Chorkantate über das illustre Eisenwerk und legte den sowjetischen Befreiern, die die Stalinstadt mit Rohstoffen zum Freundschaftspreis beliefern wollten, darin unvergängliche Ermutigungen an das mitteldeutsche Mündel in den Mund, die heute manchen visionär und anderen wieder als Sarkasmus der Geschichte anmuten:

»Baut's ruhig, euer Werk,
wir geben euch die fehlende Kohle.«

Als die DDR gerade ihren ersten Namenstag gefeiert hatte, projektierte man in die verschlafene Oderlandschaft ein gigantisch angelegtes Stahlwerk. Neben attraktiven Löhnen sollte eine Mustersiedlung für den ausreichenden Arbeitskräftezulauf sorgen, eine später ferngeheizte Traumstadt mit zentralem Boulevard, der jedem alles bot, vom Kino bis zum Kaufhaus, vom Kulturpalast bis hin zum Autoladen, vom Spital bis zum Textilgeschäft und vom Theater bis zum Fremdenhof – selbst eine Kirche und ein Jugendwerkhof fanden sich in ersten Zeichnungen.

Auch ein Krankenschwesternheim und ein Revier, natürlich nicht allein zu deren Schutz, waren nachgewiesen; nachzulesen und dennoch nicht nur auf dem Papier war das Zusammenwachsen der bevölkerungsnahen Einrichtungen, die die ersten unsicheren Schritte miteinander und auf Stalinstadts Bewohner zu machten. Denn unsere junge Volkspolizei war nicht nur auf Wacht, um Volksschädlingen auf die Finger oder auf die Schiebermützen mit dem dort verborgenen Schmuggelgut zu klopfen, sie machte dem volksverbundenen Namen auch auf zärtlichere Weise Ehre. Listig und vor allem rechtzeitig hatte sie mit dem schönsten Teil des Volks von Stalinstadt, den Krankenschwestern, fusioniert und sich ihm sehr verbunden mit dem Antrag, ein Ensemble aufzubauen, um die Verbindung zur Bevölkerung auf Dauer zu befestigen. Das Unternehmen, im Galopp entwickelt, ohne bürokratischen Parcours zur Ausführung gebracht, verwickelte die jungen Häubchenträgerinnnen in die Volkskunst und pikante Anfängerverlegenheiten gleichermaßen. Mit Erstaunen lasen die zivilen Normenbrecher an den Hochöfen von der gelungenen Bildung einer Tanzgruppe, wo es geschwind zur Aufstellung von engen Paaren kam. Zur Sache, Schätzchen, schien der stille Auftrag unserer grünen Jungs zu heißen, auch wenn sich die kniffligen Umschreibungen nicht sofort jedem Leser und schon gar nicht jeder Auserwählten zu erkennen gaben. Unverfänglich las man von den ersten Freundschaftstreffen, doch sie führten die noch unerfahrene Truppe flugs zur Generalprobe, in deren Folge schnelle Fortschritte gemacht wurden. Von Tagen freudiger Bereitschaft war die Rede, welche das Verhältnis zwischen Volkspolizei und den werktätigen Frauen Stalinstadts spürbar gefestigt und bewiesen hätten, daß man sich auf die Genossen in der Tat wie auch in jeder noch so schwierigen Situation verlassen konnte.

Damals hat vielleicht so manchen Schmelzer ganz genauso flugs nicht nur der soziale Neid gepackt und ihn zum einzig rechten Schritt veranlaßt – schnellstens selbst ein Polizist zu werden. Denn noch die kleinsten Chargen zeigten ihre Schulterstücke damals so, als wären sie Eintrittskarten in die bessere Gesellschaft. Doch das Bild, die Stalinstädter Kameraden wären allesamt nur schlimme Finger, die, statt nach den Feinden unserer Volksmacht, lieber nach den Mädels griffen, zeigte sich als korrekturbedürftig. Auch die so umworbene Keuschheit schielte nur zu deutlich nach der Wurst und war auf reputierliche Gefährten aus, die mal mit einer Unterschrift von Wilhelm Pieck, ein andermal sogar mit einem heißen Stuhl der Marke RT 125 ausgezeichnet wurden – da hörten besonnene Gemüter unter den Genossen, welche ihr Salär lieber zusammenhielten, alle Nachtigallen strapsen.

»Genossen der Volkspolizei!
Froh schafft das Vaterland.
An uns kommt kein Feind vorbei!
Vorwärts, Gewehr zur Hand!«

Doch die Genossen waren unlängst ins Gerede und beinah um ihren Ehrentag gekommen, aber der Ministerrat begnügte sich mit einem ernsthaften Signal, als er beschloß, den »Tag der Volkspolizei« künftig auf den ersten Juli zu verlegen. Damit schien die Zeit der Kindereien vorbei, denn bislang hatten unsere Kameraden immer mit den lieben Kleinen gefeiert und schon am ersten Juni mit verrutschter Mütze das Revier durchstreift. Natürlich hatte der Ministerrat das Datum mit Bedacht auf den Saisonbeginn verlegt und somit darauf hingewiesen, daß die Ordnungshüter eine ganz besonders urlaubsreife Spezies unserer Staatsmacht waren, unvergleichbar jener ganzjährigen Frische der Minister selbst.

Das Schwesternheim hingegen expandierte später, bis zu tausend Maiden ließen sich pro Jahr zu Fachschulkadern ausbilden und jene guten Traditionen fahren, sich gezielt mit Angehörigen der Staatsmacht zu verbandeln. Dabei mauserten sich unsere Polizisten in den späteren Jahren zur VP-Bereitschaft, deren Jungs sich nach wie vor das Singen nicht verbieten ließen und gesellschaftliche Höhepunkte musikalisch untermalten, was mit einem Ehrenbanner des ZK der SED gewürdigt wurde, Eisenhüttenstadt jedoch den zweifelhaften Ruhm auch einer echten Garnisonsstadt eintrug.

»Und wir haben kluge Kommandeure,
die schon and'rer Brut begegnet sind.
So ein Kämpfer gibt manch gute Lehre,
so ein Arbeiter- und Bauernkind.«

Manche Nachlässigkeit noch aus frühen Tagen war da längst vergessen, und die Schlamperl waren inzwischen hohe Chargen im Revier von Eisenhüttenstadt, die niemand mehr an ihre allzugroße Milde zu erinnern wagte, welche sie den Stalinstädter Fußballfreunden gegenüber walten ließen. 1954 ging die Weltmeisterschaft in der Schweiz über den Rasen, unsere Spieler waren nicht dabei, doch Aktive wie Passive, die volkseigenen Rasenamateure wie die Profis von den Rängen drängten vor die Schaufenster der Radiogeschäfte, um im ausgestellten »Leningrad« die Spiele zu verfolgen. Der Patriotismus aber, den man vor und hinter den Vitrinen ausstellte, galt offenbar der falschen Seite, denn sowohl im Halbfinale gegen Titos Abseitspartisanen wie auch im Finale gegen die Magyaren galt der Jubel nicht etwa den Volksdemokraten, sondern all jenen, die der Adenauerrepublik und deren Wirtschaftswunder nun auch noch zu dem Fußballwunder verhalfen. Vor vierzig Jahren hatte der Triumph nicht nur an Rhein und Ruhr das deutsche Wesen, seit Jahren kümmernd auf der Bank, zum Genesen animiert, auch die sonst so aufmerksamen Polizisten unserer vorbildlichen Viertel unternahmen nichts gegen die suspekte Gruppenbildung vor den Mattscheiben. Finale Bern – der erste deutsche Fußballkrimi – war endgültig abgedreht, in bester Spielfilmlänge und mit hochdramatischen Momenten, wie man sie im Kino seinerzeit noch lange suchen mußte, wo die Heide blühte oder sich gerade der Problemfilm etablieren wollte. Die bis dahin unbekannten Darsteller waren über Nacht nicht nur zu deutschen oder gar zu bundesdeutschen Stars geworden; Sepp Herberger und Fritz Walter mauserten sich auch zu Therapeuten der noch immer wunden deutschen Seele, die beim Fußball selbstverständlich erst einmal gesamtdeutsch litt und so den Sieg nicht nur am Rhein, auch an der Oder als willkommenen Balsam reichlich auftrug. Deutschland hatte Ungarn und die Österreicher auf die Rasenplätze zwei und drei verwiesen; vierzig Jahre früher wiederum waren die Plazierten noch als Habsburger Equipe in manche heißumkämpfte europäische Arena einmarschiert und hatten nach dem Untergang der Donaumonarchie kaum weniger mit den versunkenen Seelenlandschaften zu kämpfen als die deutschen Wiederaufsteiger von 1954, als die neue Zeit nur als Nachspielzeit erscheinen mochte. Doch die Nachsicht unserer Stalinstädter Ordnungshüter konnte das schon damals nicht befriedigend erklären: sicher tanzten eben auch die dienstlichen Gedanken nur um ihre keuschen Schwestern, die

Neubauten nicht nur in Stalinstadt 1955

»Man spricht immer von der neu entstandenen Stalinstadt. Hier auf dem Bild ist zu sehen, wie sonnig und luftig die Kumpels von Lauchhammer wohnen. Zehntausende von Arbeitern wohnen in einem großen Stadtviertel in gemütlichen Zwei- und Drei-Zimmer-Wohnungen.«

zu dieser Zeit mit ihnen noch in einer rührenden Behelfsbaracke jene erste Tänze aufführten. Sie lag genau der Kirchbaracke gegenüber, und wer weiß, wenn später Stalinstadt vielleicht sogar zu einem Priesterseminar gekommen wäre, ob die unschuldigen Mädels jemals so viel Sympathie für unsere Ordnungshüter aufgebracht hätten wie dank des Zufalls, welcher ihr Revier so sehr viel näher liegen ließ als das Barackenlager unserer rauhbeinigen Rodungstrupps.

Doch sonst kam in der jungen Stadt fast nichts von ungefähr – der Zufall war ein Feind des neuen Lebens und der Weltanschauung, welche es bestimmen würde. Alles war bis in das freundlichste Detail geplant, und selbst die Zahl der Restaurants war mathematisch aufgeschlüsselt: tausend Einwohner erhielten etwa vierzig Kneipenstühle, gut ein Drittel davon in den noblen Speiserestaurants, die knappe Hälfte für den Mann der Arbeit in den rustikalen Bierkaschemmen nach dem rechtschaffenen Feierabend, und der Rest stand in Cafés herum. Knapp drei Jahrzehnte später boten an die dreißig Klausen gut dreitausend Plätze für rund vierzigtausend Einwohner, noch immer sehr viel mehr als die Trabantenstädte in der Republik, die bestenfalls für solche Größenordnungen noch eine Mehrzweckgaststätte, den sogenannten Freßwürfel, im baulichen Kalkül berücksichtigten.

Früher aber saß die Zukunft unserer Stadt schon mittags auf den Kneipenschemeln, wo die Pioniere und die mehr als dreitausend angehenden Gesellen aus den Lehrbrigaden ihre Essenmarken auf den Tisch knallten, um sich bei Nudelsuppe und paniertem Schweinebauch über die volkseigene Verpflegung zu mokieren. Nachmittags wurde gebohnert und »neu eingedeckt«, dann zog sich das Bedienungspersonal in schwarze Anzüge zurück, der schichtfreie Kollege aus dem Werk in sein Präsentjackett – und los ging's mit der Gattin ins mutierte Speiserestaurant, wo einladend ein Stuhl mit einem Schild die Tür verstellte, das versicherte, der Kellner würde bei der Platzwahl gern behilflich sein. Noch heute ist es eines der

Das vorläufige Verwaltungsgebäude, 1950
»Das Verwaltungsgebäude des Hüttenkombinats Ost wurde von der Deutschen Verwaltungs-Akademie ›Walter Ulbricht‹, Forst Zinna, gestiftet.«

wohl größten Rätsel der dahingegangenen Republik, wie ausgerechnet ihre führende Gesellschaftsgruppe, unsere gut organisierten, kampferprobten Arbeiter, sich Jahr um Jahr von Elementen aus dem Kleinbürgermilieu freiwillig kujonieren ließen, statt ihnen den Bierhahn zuzudrehen und sie in ihre schmuddeligen Tischdecken zu wickeln, die schon damals täglich einer Wende unterzogen wurden. Abends seien die Stahlarbeiter fast nicht wiederzuerkennen, hieß es unter einem Bild von damals, das die abendlichen Anstrengungen der verkleideten Plebejer durchaus freundlich wiedergeben wollte, und vielleicht auch daher hatte manche Stalinstädter Stampe mittlerweile bereits eine handfeste Karriere hinter sich: das alte Gasthaus Schleicher war zum Staatlichen Kulturhaus aufgestiegen, das den Namen von Ernst Thälmann trug. Dagegen nannte sich das Gasthaus Goldener Löwe zwar auch weiterhin gesellschaftliches Zentrum, doch verbarg sich hinter seinen

Mauern nur noch das Vereinszimmer einer Betriebsgemeinschaft, die hier regelmäßig Ping-Pong spielte; dabei war das Haus der Tagungsort, an dem die Fürstenberger Ortsgruppe der SED gegründet wurde, also einst das sprichwörtlichste Wahllokal – die gegnerischen Kräfte aber hatten offenkundig längst mit Vorbedacht die Pinte um die klassenkämpferische Tradition gebracht.

»Lest die Handschrift, die wir schreiben,
blanker Stahl und Erntepracht;
was wir schaffen, wird uns bleiben,
hüten wir des Volkes Macht.«

Stalinstadt dagegen selbst war noch bewußt als Kunstprodukt geplant und nannte sich mit großem Stolz die »Stadt ohne Vergangenheit«; das hinderte sie jedoch nicht, ihre Alleen nach Thälmann oder Lenin, aber auch nach Heine oder Puschkin zu benennen; vielmehr sollten gerade die traditionsgedeckten Straßen unumkehrbar in die Zukunft weisen. Stalinstadt bemühte sich von Anfang an, das Image einer bloßen Siedlung zu vermeiden und sich als moderne Großstadt zu verstehen, wenn auch ihre Einwohnerzahl ursprünglich kaum auf die Hälfte mancher anderen Kleinstadt kommen würde. Lediglich rund dreißigtausend Menschen sollten ursprünglich hier wohnen, doch die untrennbare Liaison von Werk und Stadt erforderte von vornherein auch einen Grundriß, der sich scheinbar jeder meistersingerhaften, altfränkischen Ausdrucksform entzog.

»Die Presslufthämmer gingen,
sie schlugen Schlag auf Schlag,
und um der Menschen Lippen
Ein stolzes Lächeln lag.«

»Auf Pfeifers Acker haben wir gebaut« – das meinte damals sicher auch im übertragenen Sinne: auf die Armut pfeifen wir. Im Sommer 1950 legte man auf einer gleichnamigen Armeleutewiese vor dem Städtchen Fürstenberg die mittlerweile le-

HO-Gaststätte »Aktivist«, 1955
»Eine fröhliche Tischrunde.«

gendären Fundamente, die in nicht so ferner Zukunft auch die Grundlagen des Sozialismus bilden sollten. Pioniergeist rauschte durch die Kiefernforste und – den Blätterwald. Auf Zeitungsfotos sah man Scharen ausgesuchter Rauhbeine, die hier direkt vom Zeichentisch in die verschlafene Landschaft eine Wohnstadt übertrugen, die den umtriebigen Hilfsarbeitern eines Tages vielleicht sogar Heimat werden sollte. Abenteurer, Kriegsheimkehrer, Männer ohne Bleibe und Beruf gehörten zu dem Troß der ersten volkseigenen Kolonisten; unweit des bekannten Klosters von Neuzelle aus dem dreizehnten Jahrhundert bauten sie die »Erste Stadt des Sozialismus«, ein geradezu historischer, fast shakespearescher Epochenknall auf engstem Raum, der endgültig das alte Brandenburg entrümpeln und es zur modernen Industrieregion erhöhen sollte.

Doch der scheinbare Zusammenstoß so unterschiedlicher historischer Gebilde wie des alten Klosters und der neuen Stadt ließ sich genausogut als Wiederkehr urkommunistischer

Ideen lesen, und die stammten nirgend anderswoher als von den Klöstern. Die heilige Dreifaltigkeit von Arbeit, Wohnen und vor allem einem festen Glauben kam aus jenen Mauern früher Selbstversorgungseinrichtungen, welche nur noch die Gewinne an die gläubige Zentrale abzuführen hatten und zum Lohn von dieser alle Jahre wieder nichts als goldene Lebensregeln einstrichen, nach denen irgendwann die glänzende Epoche nahte:

»Sing' ich von Stalinstadt euch,
so künd' ich: jung ist die Saat,
die Ernte wird neu sein,
golden das Zeitalter.«

Auch daß die Mönche sich nicht gerade aus der Upperclass ihrer Gesellschaft rekrutierten, läßt Verbindungen zu Stalinstadt vermuten; doch auch Robert Owens utopische Gemeinwesen könnten als Paten angeführt werden, weit unverfänglicher jedoch als Mönche und verträumte Utopisten hat vor vierzig Jahren sicher manche Schrift von Friedrich Engels Stalinstadts Erbauern das Bewußtsein eingeschrieben, am gelungene Finale einer langen Tradition zu bauen. Brecht sprach damals von den Mühen der Ebenen, die den Mühen der Gebirge folgen würden – ein gelungenes Manöver: niemand sollte unterstellen, daß es wieder einmal nichts als Berge waren, die der neue Glaube umstandslos versetzte. Und – gottlob – lebten die Gründer Stalinstadts auch nicht so zölibatär wie die ahnungslosen Kuttenträger vormals – sonst wären sie nur schwerlich bis in unsere Tage im Gespräch geblieben.

Ins Gerede damals aber kamen Klosterbrüder an der innerdeutschen Grenze, welche in den fünfziger Jahren Kapuzinerklöster skrupellos zu militärischen Agentennestern umbauten; doch unseren wachsamen Organen war es nicht entgangen, daß die scheinheiligen Mönche sämtlich vollmotorisiert waren, Großgaragen für VW besaßen und zudem perfekt das Deutsche (!), Polnische und Russische beherrschten. Allen-

FDJ-Brigade beim Straßenbau, 1951

»Die Jugend-Brigade ›Fortschritt‹, Siegerin im Wettbewerb der Jugend-Brigaden, errang die Wanderfahne des Hütten-Kombinats.«

falls heilige Einfalt hätte solche Ballungsräume übersehen, nicht so unsere Kundschafter, die ihren ruchlosen Kollegen sofort an der schiefen Kuttenspitze identifizierten und sich nicht der Illusion ergaben, Stalinstadt sei zu weit weg, um ins Visier einer unheiligen Allianz von Stahlbaronen und verkleideten Spionen zu geraten.

Jede Havarie galt seinerzeit als Anschlag feindlicher Gruppierungen und so als Ritterschlag des Gegners, auch wenn mancher Hochofen vielleicht nur zu sehr in der Sonne stand, wie manche unkten. Die ambitionierte Bretterstadt war längst noch nicht als uneinnehmbare Bastion des Fortschritts ausgemacht – im Gegenteil. Noch heute scheint es unerhört, daß unser damals größtes Jugendobjekt anfänglich kaum nennenswerte Mitgliedszahlen in der FDJ zu bieten hatte, ganz

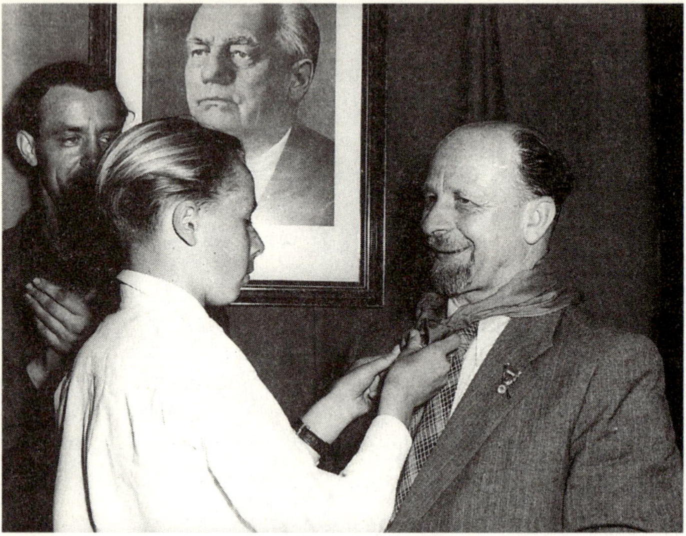

Im Eisenhüttenkombinat Ost am 1. Mai 1952
»Walter Ulbricht nahm persönlich die Auszeichnung der Aktivisten und Bestarbeiter des Betriebes vor. Bei seinem Eintreffen wurde er herzlich begrüßt.«

zu schweigen von Parteimitgliedern, die wie grüne Hunde auf den Baustellen bestaunt oder belächelt wurden und sich durchaus selbst genügten. Später erst, als das Verhältnis sich längst verkehrte, hoben musikalische Kolonnen neue, unverbrauchte Weggefährten aus:

»Wir sind schon viele,
doch die Zukunft braucht mehr.«

Das bunte Personal der ersten Jahre Stalinstadts war sicher neugierig und unternehmungslustig, aber alles andere als gut organisiert. Und paradoxerweise ist gerade diese ungleich wildere Existenz der ersten Siedler in der Oderniederung ein Grund, daß auch der oft zitierte Fundus DDR-eigener Goldgräbergeschichten seine besten Exponate Stalinstadt verdankt; in späteren Jahren wurde er nur allzu gern und allzu oft geplündert, um von der inzwischen eingetretenen Tristesse im ganzen Land ein wenig abzulenken: niemandem fiel scheinbar auf, daß so der freiwilligen, undisziplinierten Anarchie des Anfangs unbedacht das Wort geredet wurde. Zu diversen Jubiläen kramte man die »Gründerjahre«, jene Zeit der großen Perspektiven und der Läuse, wie ein Dichter schrieb, gern wieder aus und nannte Stalinstadt – in späteren Jahren Eisenhüttenstadt – in einem Atemzug mit anderen Großprojekten wie der Maxhütte in Unterwellenborn, die auch die ersten Schmelzer Stalinstadts geformt und auf das Leben vorbereitet hat und daher gern zur »Mutter der Metallurgie« geadelt wurde. Jahre früher war sie offenkundig noch ein junger Mann, da hieß es: »Max braucht Wasser«, später brauchte Max noch Schrott, und sehr viel später brauchte er sogar – Kultur; doch da war Max nur noch die alte Hütte, die so wie die Wiesen der versumpften Wischelandschaft oder auch der Hafenbau in Rostock hin und wieder als geschichtliches Idyll heraufbeschworen wurde, bis es auch die Jahrestage nicht mehr gab, die solcher Anfänge gedenken wollten.

»Unser Wille, fest wie Eisen,
Metallurgen, 'ran.
Wo die Feuerschlangen gleißen,
stehen wir unser'n Mann.«

Die eher zögerlichen Anfänge des Baugeschehens allerdings markierten lediglich die Handvoll neugieriger Burschen und die wenigen, noch eher vagen Direktiven ihrer damaligen Auftraggeber in der neuen, selbsternannten DDR-Hauptstadt. Vereinzelte Berichte über Stalinstadts Entstehung lesen sich wie ein Diarium verregneter Romantiker und rissen seinerzeit schon Brecht zu der Empfehlung hin, bei Schriftstellern von Rang gehobene Reportagen in (Partei-)Auftrag zu geben.

Manche der Verfasser brachten es sogar zum Nationalpreisträger, und Eduard Claudius wurde in der DDR so lange selbst mit Hemingway verglichen, bis auch der für längere Zeit nicht mehr so oft Erwähnung und doch noch unverhofft Erlösung von dem zeitweiligen Konkurrenten fand.

So ist die Welt von heute, ja, so stürmt sie vorwärts, resümierte dessen »Bullendorfer« LPG-Geschichte, die ihn in die Nähe Gottfried Kellers hätte rücken können, doch als »Keller unserer neuen Dichtung« wollte man ihn auch nicht ohne weiteres bezeichnen.

Daß die Kommune und ihr Eisenwerk sogar Romangestalten würden, ahnte sicher selbst der dialektische Theatermeister nicht. Marchwitza aber, der Verfasser unserer schon erwähnten Chorkantate, förderte zum Beispiel fast ein Kilo »Roheisen« von jenem frühen Heldentum ans Licht, das nie in den Verdacht geraten sein dürfte, der Autor habe es je einer weiterführenden Veredlungsstufe zugeführt. Die gut fünfhundert Seiten Schullektüre hat vermutlich nie ein Pionier von vorn bis hinten durchgehalten; Arbeitergestalten hatten kantige Gesichter, einen festen Händedruck und einen klaren Blick, sie waren zuversichtlich und geradeaus, die Buchhalter und Ingenieure zeigten sich dagegen dünn und skeptisch, dünkelhafte

Einsatz einer Jugendbrigade, 1951

Brillenträger ohne proletarische Vision – allein die Mädels waren seinerzeit schon Abgründe, mit blanken Augen sorgten sie dafür, daß sich die Männer um die Prämien kümmerten und so den Wettbewerb um ihre Gunst auch auf das Baugeschehen übertrugen. Noch ausführlicher als das Draufgängertum der Erbauer lobte Marchwitzas Eloge Walter Ulbrichts tapfere Kritik an solchem zentralistisch kaum berechenbaren Ungestüm, das sich in keiner FDJ-Versammlung sublimieren und zu planwirtschaftlich überschaubaren Aktivitäten stutzen ließ.

Auch eines zweiten Autors soll in der Erinnerung mit jener frevelhaften Frage nachgehangen werden, die seit Klopstock hier zum ersten Male wieder aufgeworfen werden muß: Wer wird nicht einen Mundstock loben; doch allein, las ihn ein jeder? Als er in den frühen Tagen auf nicht minder vielen Seiten luziferisch »Helle Nächte« im Roman und über Stalinstadt erstrahlen ließ und später in diversen Skizzen eine Landschaft porträtierte, »Wo der Regenbogen steigt«, erwarteten die Leser sicher vieles, was sie nicht bei Marchwitza gefunden hatten, anderes dagegen hofften sie vielleicht getilgt. Doch die nicht eben materialistischen Metaphern stimmten seinerzeit das Hohe Lied auf Stalinstadt genauso wie das Lohelied auf seine Hüttenwerker an, nur Stalin war aus den verklärten Werken in den Sechzigern verschwunden.

»Es wird Licht,
und seht, das Licht
sind wir«.

Nur weniges davon ist heute noch nachvollziehbar, und am allerwenigsten gewiß der Glaube. Manches las sich wie in Kriegsromanen wenig früher, doch der Gegner lag nicht mehr im Schützengraben vis-a-vis, sondern als havarierter Hochofen im Heidesand; der alte, gut getarnte Unterstand war nun das Provisorium einer Baubaracke, frühere Kompanien entwickelten sich in diversen Produktionsscharmützeln zu eingeschworenen Kollektiven Neuer Menschen, und der Unteroffizier wurde zum Brigadier, der in die friedlicheren Schlachten führte.

»Ohne Eisen keine Schiffe,
denn die Schiffe sind aus Stahl.
Ohne Schiffe keine Seefahrt,
und die brauchen wir nun mal.«

Erst als sich der Glaube an die Traumschiffe der Zukunft mehr den Ankern zuneigte und in den Sechzigern den Prüfungen, die ihm die Zeiten auferlegten, nicht mehr ganz so unbeschadet standhielt, schrieb Joachim Knappe ein sehr eindrucksvolles Buch über die Anfänge der seinerzeit bereits verklärten Aufbauzeit, und sein Roman beschrieb die Odergegend und die Stalinstadt bereits als »Namenloses Land«, als Brandenburgs volkseigene Primaner noch die hohe Kunst des dreistimmigen Kanons nach Hans Marchwitzas zitierter chorischer Verdichtung »E-K-O« erlernten: Reihe eins sang »E«, die Mittelreihe »K«, die Fensterreihe »O«, bis sich am Schluß die vokalistischen Rivalen wechselseitig oder reihenweise so schwer in die melodiöse Rede fielen, daß die Chorleiterin dirigistisch ihre angeschwollenen Unterarme überm Dutt zusammenführte und sich die gespitzten Kindermünder im gemeinschaftlichen »Oooohhh« gekonnt vereinten.

Doch schon seinerzeit las oder hörte niemand freien Willens jene Hymnen, heute kennt sie kaum noch jemand auch nur dem Namen nach, obwohl die Holzfällergeschichten sich in manchem ausnahmen, als hätten sie sich bei Jack London und am Klondike oder Hudson-River zugetragen; auch waren sie zudem erweitert um den fortschrittlichen Zug, daß jene Schürfungen der werktätigen Literaten ab und zu selbst führende Genossen vorführen konnten. Eigens aus Berlin war der erst frisch berufene Industrieminister in die Oderniederung gekommen, eine Kuschel auszureißen oder, wie die Zeitung schrieb, die denkwürdige erste Kiefer umzuhauen, doch Nichtsnutze aus jenem Kreis gesellschaftlich noch nicht gefestigter

Kollegen schliffen seiner Axt die Schneide stumpf. Im Fortgang dieser Anekdote jubelten ihm die Phönizier von der Oder schließlich eine Wette unter, die für jeden Axtschlag einen Kasten Bier in Aussicht stellte. In der »Wilden Sau« soll ihre Einlösung begangen worden sein, der Name des Lokals schien mit Bedacht gewählt; der hohe Gast hingegen trug den Namen Selbmann, was im Angesicht des praktischen Desasters wiederum nicht ohne Komik war. Auch der Ministerpräsident war damals anwesend, doch seine Worte, die dem »Aufschwung« galten, offenbarten später erst den ungewollten Witz, wenngleich nun dafür um so nachhaltiger. Seinerzeit versenkte man im Wappen der Gemeinde noch beziehungsreiche Worte, die sich heute wie ein ungläubiges Daumenhalten lesen, aber dennoch etwas von der infantilen Unschuld atmen, die zumindest vor Ort gewaltet haben mag:

»Gegründet im fünften Nachkriegsjahr,
bewohnt von den Erbauern,
sorgt, daß die Städte dauern!«

Als im August des Jahres 1950 der Minister nicht allein zum Schlag gegen den dürren Nadelbaum, sondern vor allem auch zu dem gegen die linksrheinischen Stahlbarone ausholte – der Feind saß auf dem Petersberg –, war seine Axt vielleicht eine der wenigen, die überhaupt verfügbar waren. Die zum Festplatz aufgeblühte Lichtung war mit Fähnchen, Spruchbändern sowie Emblemen überzogen, die so hilflos wirkten wie der lose Haufen junger Männer, der sich kichernd zum Spalier formierte. Fünfzig Arbeitskräfte, die am Tag zuvor noch per Annonce oder Händedruck geworben wurden, sich am achtzehnten August hier einzufinden, hörten mit Vergnügen dem Kollegen aus der Hauptstadt zu.

»Wir haben das Werk in die Heide gesetzt,
mit Hacke und Spaten ging's los.
Und was daraus wurde, das seht ihr ja jetzt:
Das Wort E-K-O schreibt man groß.«

In knapp fünf Jahren nur würden auf diesem Flecken die Retortenstadt und das modernste Stahlwerk in Europa stehen, sagte der Minister, und die Anwesenden lächelten betreten, der Fanfarenzug stieß hastig eingeübte Töne unbekannter Jugendlieder aus – die Einheimischen aber grummelten von Russenbau und Panzerwerk. Befreit von Hemd und Hose hätten sie die Russkis allenfalls, und die Fabrikerrichtung schien erneut bedrohlich; gerade hatten sie sich mit der ersten Einquartierungswelle aus dem Osten leidlich abgefunden und die

Umsiedler allmählich eingemeindet, drohten ihren Häusern neuerliche Zwangsbelegungen, wenn nicht gar Schlimmeres. Der angejahrten Führung brachten sie so viel Vertrauen entgegen wie den jungen Zugereisten, die hier eher auf das frohe Jugendleben als auf eine kleinstädtische Bleibe hofften.

Achtzehn Jahre alt waren sie im Durchschnitt, als der Bau begann, denn als der erste Axthieb sich zum fünften Male jährte, lag das Altersmittel schon bei dreiundzwanzig Jahren und die Zahl der Einwohner bei rund zehntausend. Mitgegangen, mitgefangen waren nämlich mittlerweile jene, die noch in den ersten Jahren Stalinstadt als neuen Abenteuerspielplatz angesehen hatten, den man an den Wochenenden leichterhand in Richtung seiner alten Spielgefährtinnen verließ: doch nun war aus so manchem Abenteuer nach der Schicht für gar nicht wenige schon Ernst geworden.

Was in frühen Darstellungen als ein seltener Vorzug angesehen wurde, galt nicht mehr: selbst die so junge Stadt besaß inzwischen eine kleine, aber um so munterere Vergangenheit, und manche harmlose Umarmung zwischen Maurer und Entrosterin am abendlichen Lagerfeuer war nicht halb so folgenlos geblieben wie die sicher keuscheste Geschichte aus dem Jahre 1954.

Karin, bist du's wirklich, fragte ungläubig der kleine Klaus, und Karin fiel ihm um den Hals. Ich wußte gar nicht, daß du auch hier bist. Sie achteten der Spanner rund ums Feuer nicht, die sie mit neugierigen Blicken musterten, und zogen sich in ihr Quartier zurück. Sie hätten sich so vieles zu erzählen gehabt, doch Klaus kam sofort mit der Frage, die erkennen ließ – er wollte alles: Singst du eigentlich noch immer so gern? O ja, ich mag die Musik noch immer, hauchte Karin, und sie gingen auf die Bretter einer Fensterbank, wo Klaus sie unumwunden und zur Sache bat: Sing mir noch einmal »Suliko – Feinsliebchen«. Da verstand sie endgültig, er wollte ihr ganz nahe sein, denn gerade diese Melodie war Stalins Lieblingslied; sie sang es leis und innig, glockenrein war ihr Gesang, und

Klaus war so ergriffen, daß er ganz vergaß, nach ihr zu greifen, sondern nur der tiefen Liebe zur Sowjetunion noch fähig war. Sehr lange sprachen sie danach kein Wort mehr miteinander, bis der Jugendfreund das feierliche Schweigen brach und vorschlug, zu den anderen zurückzukehren, um die Eindrücke und wertvollen Erfahrungen der letzten Schichterfolge nochmals auszutauschen, welche schließlich, ausschließlich sogar, nur ihnen ganz allein zugute kommen würden.

»Nicht zum Nutzen fremder Herren
fließt der Stahl in heller Glut.
Hart ist unsere Hand,
doch auch mit Verstand
tun wir unsere Arbeit gut.«

So geschah es; kein gesungenes Schäferstündchen abseits unserer Kollektive, keine flüchtige Amour, sondern bleibende Erinnerungen würden sie fortan verbinden und niemals verzagen lassen. Eine Brandenburger Zeitung druckte seinerzeit die lupenreine Love story vermutlich, um den potentiellen Delegierten des bevorstehenden Pfingsttreffens, zu denen sicherlich auch manch Stalinstädter zählen würde, allzu abenteuerliche Ambitionen auszutreiben, die sie mit der frühlingshaften Festwiese und den exotischen Besuchern vielleicht verbanden.

Nicht nur pfiffige Koreaner beispielsweise sahen die späteren Berichterstatter, die im Wuchs um so viel kleiner waren als wir. Wie würden wir uns wohl verständigen, war eine bange Frage des Reporters, die bei solchen Höhenunterschieden auf der Hand lag, doch die Delegierten von dem fremden Erdteil demonstrierten nicht nur für den Frieden, sondern eine polyglotte Streckphase – sie konnten beide deutsch.

Nicht minder unverzagt, so hieß es damals, mühten sich die fortschrittlichsten Jugendlichen Westdeutschlands, zum Treffen in die Hauptstadt zu gelangen und die innerdeutsche Grenze – ausnahmsweise umgekehrt, von West nach Ost – zu überwinden. Bangemachen galt schon längst nicht mehr, wenn auch die Adenauerpolizei behauptete, der neue Limes sei garniert mit fast vier Meter hohem Stacheldraht und Minen. Die beherzten Grenzverletzer konnten teilweise die Drohungen von Amts wegen sogar bestätigen – zwar hätten sie beim Übertritt nicht gerade Stacheldraht gesehen, aber Mienen um so mehr, und zwar die freundlichen der Polizisten aus dem DDR-Revier. Mit solchen ziemlich derben Possen lagen damals Redakteure auf der Kalauer, um sich den Stalinstädtern als salopp und unverbraucht zu präsentieren.

»Wenn wir, vom Schauen müde,
zurück ins Lager ziehen,
dann wird auf blauen Hängen
der letzte Strahl verglühen.
Das Reh im Wald geht schlafen,
die Schwalben unterm Dach,
nur unsere Heimatliebe
bleibt im Traum noch wach.«

Wenn jedoch die jugendlichen Kollektive, anders als im Feuilleton, am Abend ihre Unterkünfte suchten, fand sich ungleich häufiger so manches junge Glück in der Barackenstadt, die mehr als fünftausend Bewohnern Nachtherberge war. Nur wenige logierten in den umliegenden Dörfern oder auf den strohgedeckten Tanzdielen der Fürstenberger Kneipen. Der weit größere Teil verschwand im Camp der Bretterbuden, dem geteilten Lager, dessen Grenzen zwischen Frauen- und Männerschlafstätten sich in der Dämmerung verloren wie so manche Unschuld, die vom Lande kam und tagsüber den Wettbewerb organisierte. König Alkohol, der in den langen Fluchten unumstritten herrschte, war im Bunde meist der dritte und erst immer dann entthront, wenn wieder ein Rivale siegreich von den Platzhirschkämpfen abtrat, um sich als Familienvater in den ersten Blocks der neuen Stadt ein Nest zu bauen. Im September 1951 waren die ersten beiden Wohnhäuser bezugsfer-

Besuch aus dem Westen, 1951
»Werktätige des Eisenhüttenkombinats Ost und Jugendfreund Franz S. aus Kiel reichen sich die Hände und verpflichten sich, sich im Kampf um den Frieden aktiv einzusetzen.«

tig, bis Weihnachten schon immerhin ein halbes Dutzend Blöcke. 1953 waren es schon mehr als zwanzig – einschließlich des Kindergartens, einer Schule, des zentralen Waschhauses und einer kleinen Ladenstraße –, sie beherbergten inzwischen gut und gerne die Bevölkerung eines demographisch respektablen Dorfes: fast zweitausendfünfhundert Einwohner. Für ihre ersten Mieter war erreicht, wovon weit mehr als doppelt so viele träumten – eine Wohnung in der Stalinstadt.

»Tag und Nacht wird bei uns Stahl gemacht,
er dient dem Aufbau und dem Frieden.
Für die Heimat stehen wir auf Friedenswacht,
die Partei führt uns, wir werden siegen.«

Die ersten Blocks jedoch bezogen also eher die Verführer und die wenig wachsamen Gespielinnen, die nun als glückliche Familie das verruchte Camp verließen. Doch die anderen schlugen sich fürs erste weiter durch das Leben der Barakkenstadt, gelegentlich im Wortsinn, denn der Pfarrer Stalinstadts war zwischen Trauungen – nach glücklich ausgegangenen Rangeleien – und Beerdigungen – nach den härter ausgetragenen Begegnungen – vollauf beschäftigt. Nicht allein die ersten jungen Paare liefen in den Stalinstädter Ehehafen ein, auch Aufgebote schwerer Jungs im Lager forderten so manche tröstliche Zeremonie, wenn ab und zu im Oder-Spree-Kanal ein Opfer der noch offenen Paarungskämpfe auf die neue, stolze Hauptstadt zutrieb. Damals hielten sich die weißen und die schwarzen Messen noch die Waage, denn die Hochzeiten wurden zumeist in den entfernten Heimatorten, also nicht in Stalinstadt, gefeiert, und die Hahnenkämpfe gingen oft genug auch gütlich aus, so daß sie nur zur Sanitätsbaracke, also unseren Schwestern, und nicht gleich an die Gemeinde überwiesen werden mußten. Die besaß inzwischen einen eigenen Stützpunkt mitten unter den Beladenen und stand dem Himmel kein Stück näher als die große Herde der Verirrten, denn auch er war einer jener flachen Typenbauten. Das Quartett der weltlich-exklusiven Buden, das als Küchen-, Konsum-, Kranken- und Kulturbaracke zum Bestand des Lagers zählte, war im eigentlichen Sinne ein Quintett – doch die Kuriositäten vor der Aufstellung der Kirchbaracke gaben ihr von vornherein einen besonderen Bonus, den die anderen – bei Gott – nicht für sich reklamieren konnten.

Auf den Tag genau ein Jahr, nachdem die Stadt auf Stalins Namen eingeschworen worden war, also am Vorabend des Tages der Befreiung 1954, hatte die kulante Führung in Berlin ein Zeichen setzen wollen und erklärt, die Stalinstadt erhielte demnächst gleich zwei Kirchen – unvorstellbar, mitten in den fortschrittlichen Bauten. Otto Nuschke, CDU-Vorsitzender und stellvertretender Regierungschef, hatte es in Berlin im en-

Stalinstadt, Straße der Jugend, 1956

gen Kreis erwogen. Unvorsichtig, unvorsichtig, hätte er es lieber nur genuschelt, nun stand es am nächsten Tag schon als Versprechen in der Zeitung und war – einzulösen. Schließlich fuhr der oberste Nuschkote selbst nach Stalinstadt, wo er – ex ärmelo – je zwei Bezugsscheine für abgelagertes Barackenholz hervorzog und sie an die jeweiligen Hüter, die noch ohne Haus waren, überreichte. Ökumenische Bezugsscheine gab es wohl nicht, sie hätten Geld am Bau erspart, doch hinter den Kulissen, oder besser, hinter den Barackenfenstern mit dem Bleiglas-Jesus munkelte man damals unverhohlen schon etwas von Immobilieninteressen: Teile der geplanten Wohnstadt würden auch auf altem Kirchbesitz entstehen, so daß ein Gebietsaustausch erforderlich war, der sich aber als Präsent der Republik verstand. So manche Zeitung schrieb, im besten Glauben sozusagen, daß ihr Staat an die verträumten Kirchenfreunde wirklich etwas zu verschenken hätte, und die Männer im Talar bewiesen sich und anderen, daß es auch im Frühjahr

1954 und sogar in Stalinstadt nicht ohne weiteres möglich war, das brache Kirchenland in fortschrittliche Maurerhand zu legen. Ein verhaßter Bischof aus der Adenauerrepublik, der angeblich Atomkanonen segnete, ließ allerdings ganz andere Töne läuten; jener scheinheilige Würdenträger, der in unseren Medien alternierend mal als Ratten-, mal als Kinderfänger angesprochen wurde, hieß Dibelius, und er unternahm es, wenn auch nur mit mäßigem Erfolg, unsere ungläubigen Rangen aus den Pionierhäusern in seine Buß- und Betstuben zu locken. Nicht genug der unchristlichen Wühlarbeit, erklärte er mit maliziösem Hintersinn auf die Offerte Nuschkes, daß die Kirche in der Tat den Arbeitern und ihrer Klasse viel verdanke, wenn auch nicht den Aktivisten, sondern jenen, welche diese Klasse selbst in Stalinstadt gezeigt hatten – beim Juniaufstand 1953. Viel Erfahrung mit gesellschaftlichem Rumor hatte der kommode Landstrich nicht gerade, hier war eben nicht das Mansfeld oder irgendeine sächsische Proletenhochburg. 1848 etwa blieben Fürstenbergs Familienväter erst einmal zu Hause, und fast fünfzig Jahre dauerte es, bis sich deren Enkelinnen gegen ihre langweiligen Traugötter erhoben und die erste Frauenversammlung nicht nur gegen sie, sondern sogar wider den Kaiser und die viel zu vielen Leutnants abhielten. Als Wilhelm II. nach Holland floh, waren Fürstenbergs Bewohner selbst zu müde, den Achtstundentag herbeizudemonstrieren, und verließen sich schon damals lieber auf Berlin. Nicht hundert, sondern tausend Jahre schliefen sie dann schon ein bißchen vor, um für die neue Zeit bereit zu sein, denn auch die volkseigenen Chroniken, die selbst die allerletzten Ecken proletarischer Geschichte ausfegten, um gerade hier das Gute aufzustöbern, haben keinen größeren Widerstand vermerkt: allein der Name eines Sanitätsgefreiten, der die Rotarmisten des Gefangenenlagers vor dem Schlimmsten rettete, geriet an eine Schule.

Mehr als ein Jahrhundert also waren die Fürstenberger Nachtmützen im Klassenkampf geblieben; 1953 aber zeigten sich mehr als die Hälfte aller Stalinstädter, also rund dreitausend aufmüpfige Arbeiter, zum Streik entschlossen und marschierten in den Nachmittag hinein und auf das Rathaus zu, um klarzumachen, daß der Neue Kurs nicht ihre Route war. Den Weg, den sie vor Augen hatten, aber kreuzten auch in Stalinstadt gepanzerte Kolonnen, die die Freundschaft höher hielten als den kurzzeitigen Unmut und das junge Stadthaus schützten. An den Hochöfen dagegen wurden jene Fahnen hochgehalten, die am Rathaus eingeholt und nie mehr aufgezogen werden sollten, und die Schmelzer auf der Ofenbühne drohten manchem Streikbereiten an, ihn in den Lavastrom des Absticheses zu werfen. Sie verdienten sich an diesem Tag den Titel »Rote Hochöfner« und waren vielleicht ein Grund dafür, daß in den Monaten danach so mancher Prominente kam und es mit Stalinstadts Plebejern noch einmal versuchen wollte, unter ihnen FDJ-Chef Erich Honecker und die, juristisch strenggenommen, ungelernte Chefin des Justizressorts, Minister Hilde Benjamin.

»Man braucht deshalb auch nicht
mit guten Worten sparen –
und an Zitaten gibt es keine Not.
Zieht sie heran,
und sei es an den Haaren,
denn die sie prägten,
sind zumeist schon tot.«

Sie alle wiederholten ihre Anträge an Stalinstadt, um so ein anderes Eisenwerk in Brandenburg zur bösen Schwester zu erklären. Der ungleich größere Aufmupf ihrer Hennigsdorfer Stahlwerker blieb unverzeihlich und selbst gegenüber späteren Werbungen der Führung fest – mit der waren unsere eisernen Rucksackberliner über Kreuz wie mit den Stalinstädtern, die nach ihrer Meinung in den Junitagen schwer versagten. Hennigsdorfs Kollegen waren dagegen neben den verdrossenen Bauarbeitern in Berlin am aufgebrachtesten und wurden Jahre später noch als unsichere Kantonisten von den Zeitungen beschrieben, weil sie sich sogar Komplimentierungen der Obrigkeit verbaten. Scheinbar hatten sie so gut wie nichts hinzugelernt und kritisierten beispielsweise gutgemeinte ADN-Artikel über die Errungenschaften ihres Werkes als zu schön gefärbt, wenn sie in Antwortschreiben an die Lobhudler von Kilometermärschen zu den Klos berichteten. Für Eingeweihte war das alles andere als nur Korinthenkackerei, viel eher eine pointierte Drohung der so grenznahen Belegschaft; manchem Ortskundigen unter den Verantwortlichen dürfte vor dem dreizehnten August noch einmal bang geworden sein, auch wenn die Zeitung weiter schrieb, wir würden es mit solchen Menschen dennoch schaffen.

Stalinstadts Bewohner hatten sich hingegen offenbar den Bonus einer nibelungentreuen Festung ungewollt erstreikt, was bei dreitausend Unzufriedenen verwundern mag; ihr guter Ruf jedoch hielt weit bis in die achtziger Jahre, als die Führung Eisenhüttenstadt zum Dank sogar verkabelte und ihm vier Feindprogramme zu den beiden eigenen schenkte – nur die Kernkraftwerker Greifswalds konnten noch auf dieses Privileg und damit selbst darauf verweisen, wo die Republik auch zukünftig und zuverlässig ihre Energien beziehen wollte. Mittlerweile ist dafür der Streit der alten Stahlkollegen wieder aufgeflammt, die Hennigsdorfer fühlen sich erneut zurückgesetzt, da Eisenhüttenstadt aus Brüssel so viel Geld erhält, die Eisenhüttenstädter neiden Hennigsdorf den Speckgürtel, durch den es fest der West-Berliner Lebensart, vom harmlosen Boutiquenbummel bis zum anrüchigen Barbesuch, verbunden scheint.

Der schlitzohrige Bischof blieb derweil in seinem Glauben fest, die zahlreichen Erleichterungen, einschließlich der Baugenehmigungen für die Gotteshäuser, seien den Arbeitern zu danken. Stalinstadt erhielt mehr Wohnungen als ursprünglich für diesen Zeitraum vorgesehen, selbst Details wie Straßenlampen oder Bordsteinkanten kamen wieder in den Blick, zwei Dutzend Läden wurden neu eröffnet, und der vorzeitige Baubeginn der Großgaststätte »Aktivist« soll sich sogar direkt den dreitausend Kollegen danken, die in jenen Junitagen nach dem besseren Leben dürsteten. Von ihnen wiederum zog mancher, der sich vor dem Rathaus offenbar ins Abseits der Geschichte hatte stellen wollen, auch in der Barackenstadt noch einmal an den Rand der aufgebrochenen Gesellschaft – ins Gefangenenlager, welches ebenfalls zur hölzernen Bastion des Fortschritts zählte und dessen Bewohner auf die eher unfreiwilligen Erfolge ihrer Aufbauarbeit sicher gern verzichtet hätten. Stalinstadt indes hätte sich eines solchen Lagers wiederum enthalten sollen, dessen unrühmliches Vorbild kein Jahrzehnt zuvor viertausend russische Gefangene das Leben kostete und Fürstenberg die einzige Erwähnung eines Widerständlers, unseres Sanitätsgefreiten, brachte.

Im April des Jahres 1945 traf die Dnjepr-Flotte an der Oder ein und rettete die Hafenstädter vor dem endsieghaften Untergang. Dafür hat Fürstenberg den russischen Matrosen einen »Roten Platz« gestiftet, und in Stalinstadt errichtete man im November 1952, fünfunddreißig Jahre nach der russischen Revolution, den Platz der Deutsch-Sowjetischen Freundschaft als endgültige Antwort der Geschichte. Dreieinhalb Jahrzehnte wiederum nach Einlaufen der russischen Matrosen in den Hafen Fürstenbergs, im Frühjahr 1980, gab's ein Wiedersehen mit ihrem Kommandanten, einem General, der überall umjubelt wurde und nur eine Antwort schuldig blieb – warum war er denn eigentlich kein Admiral?

Der feierliche Unernst aber einiger Kollegen bei der Namensgebung Stalinstadts und Walter Ulbrichts zu Beginn erwähnte Floskeln zeigten so bereits nach Wochen jene Folgen, die wir schon auf unseren ersten Seiten absahen. Allerdings war in den Junitagen 1953 sicher nur den wenigsten schon klar, daß unsere Schaffenden den westdeutschen Kollegen einen Feiertag in schönster Jahreszeit erstreikt hatten. Statt sich jedoch der Werktätigen dankbar zu erinnern, fuhren stets am Jahrestag des Juniaufstands Hunderttausende ins Grüne; unsere Proletenklasse aber drückte stille ihre Werkbank. Während sie fürs Volksvermögen schinderten, erhoben sich die Ausgebeuteten von West-Berlin, im weiteren instinktlos, in den Strandbädern von Müggelsee, Grünau und Oberspree, welche Rekordbesuche zu verzeichnen hatten, höchstens von den Liegewiesen, bis die Bädertore Ostberlins für sie geschlossen blieben und sie sich in Wannsee sprichwörtlich – herumdrückten. Alljährlich sprachen unsere Zeitungen an diesem Tag vom jämmerlichen Reinfall der Putschisten, was im nachhinein als journalistisch ziemlich ausgebufft erscheint, denn stets blieb unklar, wer mit der Putschistenpleite eigentlich gemeint war: unsere Streikenden von damals, die den Schaden hatten und allein den Spott umsonst bekamen, oder jene wenigen, versprengten Sonntagsredner des Senats von West-Berlin, die den Enttäuschten immer wieder zuriefen, sie stünden abermals auf ihrer Seite, wenn sie es denn noch einmal versuchen würden.

Als die führenden Genossen nicht nur aus Berlin, auch aus Magnitogorsk, Warschau und Moskau in der Oderniederung erschienen, um der Siedlung ihren ehrenvollen Namen zu verleihen, lagen die Proteste noch in wochenweiter Ferne. Wunder nimmt es nicht, daß sich die Führung Zeit und die zahlreichen Versammelten ein wenig warten ließ; der altbewährte Trick selbst abgewirtschafteter Knattermimen, ihre Zuschauer ein wenig hinzuhalten, zeigte auch bei dieser Freilichtinszenierung seine kalkulierte Wir-

Fürstenberg an der Oder, 1952
»Das sowjetische Ehrenmal in der neuen Wohnstadt.«

kung. Das von Herrschern früherer Jahrhunderte in diesem Landstrich schon geläufige Betragen sorgte kaum für Unmut, allerdings hielt Friedrich II., anders als Genosse Ulbricht, nur die wirklich Interessierten an den Flötentönen seiner Majestät so hin.

Die feierlichen Kinderchöre probten um so länger musikalisch die Verklärung Stalins, dessen Himmelfahrt ihr wenig früher erst vorausgegangen war; in Bechers Nekrolog war selbst ein scheues Reh am Bodensee der Trauer mächtig, was so einfach niemand überprüfen konnte, und Hermlins Passionsgeschichte schrieb, daß Stalin nur für uns gestorben sei, was wiederum sehr viele sofort glauben mochten – doch die Pioniere tirilierten:

»*Immer die Sonne scheint,*
Heimat, nun sei vereint,
banne den Schatten der Nacht.
Stalin gibt Klarsicht,
Stalin, das Goldlicht,
Stalin steht für uns auf Wacht.«

Walter Ulbricht, welcher selbst als Bauherr häufig von sich reden machte, würdigte in seiner Rede Stalins Ratschläge gerade für den Städtebau, der eine wesentliche Rolle für die Volkserziehung und die kulturelle Wohlfahrt unserer Menschen habe, schließlich taufte er – im Auftrag der Regierung – die Baracken und die ersten Wohngebäude auf den Namen des Verblichenen.

1961, also erst fünf Jahre nach dem XX. Parteitag, der in Moskau Stalins Missetaten öffentlich gemacht hatte, entschied sich Walter Ulbricht, ihn auch hierzulande aus dem öffentlichen Leben zu entfernen und sich so Nikita Chruschtschows Sympathie zum Mauerbau noch einmal zu versichern. In der Stalinallee in Berlin war man genauso überrascht wie in den Stalinwerken Treptows, und natürlich ganz besonders Stalinstadts Bewohner sahen sich überrumpelt. Noch am Samstag

Tag der Namensverleihung, 7. Mai 1953

»Der ersten sozialistischen Stadt beim Eisenhüttenkombinat Ost wurde der Ehrenname ›Stalinstadt‹ verliehen. U. B.z.: Blick auf die Festteilnehmer. Im Hintergrund die festlich geschmückten Wohnbauten.«

fuhren sie von Stalinstadt ins Grüne, und am Sonntag kehrten sie nach Eisenhüttenstadt zurück: auf Wunsch der Einwohner von Stalinstadt und durch Beschluß der Stadtverordnetenversammlung kam es zu der neuerlichen Namensgebung – längst nicht mehr im Auftrag der Regierung, die hatte sich offenbar aus Kommunalentscheidungen zurückgezogen. Stalin fiel von unbekannter Hand und seinem Denkmalssockel direkt in den Oder-Spree-Kanal; und da der Marschall, ausgerechnet in der Stahlarbeiterstadt, nur eine Gipsnachbildung jenes bronzenen Originals der Hauptstadt war, trieben die Bruchstücke, wie vordem unsere trunkenen Prügelopfer, nach Berlin zurück, um die Regierung doch nicht ganz aus der Verantwortung zu lassen.

Jahre vorher noch war Stalins anspruchsloses Dasein Ge-

genstand verschiedenster Betrachtungen; zu jeder Wiederkehr des Todestages hob sich der geheimnisvolle Schleier, der vor seinem Leben wisperte, ein kleines Stückchen höher; die Salamitaktik seiner Biographen ging mit seiner Existenz zu Werke wie die Ablaßhändler weiland mit dem Leib des Herrn – sie ließen erst einmal die unverfänglich anmutenden Jugendjahre Stalins in ein Büchlein binden, und die fortschrittlichen Brandenburger durften schon einmal im Vorabdruck der Heimatzeitung kiebitzen.

Mit Freudscher Gründlichkeit durchstöberte die russische Autorin Josefs Kinderstube, wo bekanntermaßen auch die Wiege allen Fortschritts stand. Selbst Stalins Schlaflied, das ihm Mutter Dshugaschwili abends in die Ohren säuselte, war nachzulesen, in gelungener Übertragung eines Dichters und beeindruckender metrischer Manier. Der kleine Stalin hatte oft im Mondlicht schlafen und in Wasser baden müssen, das so kalt war, daß es netzeweise Eis ansetzte. Niemals durfte er mit anderen gemeinsam aus der Tasse trinken, einerseits des Wachstums, andererseits auch der Verhütung ansteckender Krankheiten zuliebe. Seinem Wachstum war die Vorsicht offenbar egal, doch unter seinen Spielgefährten, schrieb die Zeitung weiter, blieb er dennoch stets der Erste und Gescheiteste, denn seine Einfälle begeisterten die Freunde; sie sahen zu ihm auf, der doch nicht eben aufgeschossen war, und er nahm dies mit der ihm eigenen Bescheidenheit entgegen. Sein Examen für den Schulbesuch jedoch bestand er schon auf jene Weise, die ihm später zur Natur und seinem Riesenreich zum Grauen geriet: Der Neunjährige stellte sich unter das Fenster eines reichen Jungen, um zu hören, was der Lehrer diesem in dem exklusiven Unterricht erklärte. So bestand der junge Stalin – zum Erstaunen aller seiner Lehrer, wie die Zeitung ausdrücklich hervorhob – sein Examen, doch vor allem zur Verblüffung vieler unserer Leser, die ihn bisher schließlich nur als Lehrmeister der Völker kannten. Nun erklärte eine Veteranin seiner näheren Umgebung ihn zum

Tag der Namensverleihung

»V. l. n. r.: Walter Ulbricht, der Leiter der sowjetischen Delegation Jefanow, daneben der sowjetische Botschafter Iljitschow.«

Stalinstadt 1953

Eisenhüttenstadt 1961

frühen Paranoiker, der seinen Becher krampfhaft festhielt und schon unter fremden Türen stand, als nachweislich der große Lauschangriff noch nicht erdacht war; selbst die hochfliegenden Pläne seiner Mutter trug die Biographin breit, die ihn mit jenem Wiegenliede scheinbar sogar schon auf die verschärften Klassenkämpfe mit dem Brandenburger Adler vorbereiten wollte:

»Doch da packt ein Vögelein
mit scharfer Kralle,
birgt in dichter Wolke sich im Schwunge.
Wachs heran, mein lieber Junge,
stürz den Räuber, daß er köpflings falle.«

1953 aber baten unsere Medien noch zum Tanz der Superlative, und Stalinstadt war abwechselnd die »Stadt des Volkes« und natürlich die »Stadt Stalins«, auch die »Stadt der Zukunft« und die »Stadt der Gegenwart«, nur eben nicht die Stadt der schaurigen Vergangenheit. Stalin allein erschien als Architekt des Glücks, denn – Stalin, das bedeutet Hoffnung, Stalin, das bedeutet Sieg, behauptete das Neue Deutschland, und die Stalinstadt geriet zum schönsten Sinnbild dieses Glaubens an die Zukunft selbst. Über den Hauseingängen hingen riesige Porträts von Stalin, auch die Dörfer, sonst um diese Jahreszeit meist mit dem Aufstellen von Maibäumen beschäftigt, hatten Transparente aufgehängt, und Ulbricht kam in seiner sowjetischen Luxuslimousine – durchgehende Windschutzscheibe, Weißwandreifen, schlauchfrei selbstverständlich – auf den Platz der Kundgebung, wo all die vielen aus dem »Namenlosen Land« der Taufe durch den Stellvertreter, wenn auch nur eines Ministerpräsidenten, harrten.

»Wie der Kumpel aus dem Schacht
stehen wir vor Ort.
Sprüche werden nicht gemacht,
doch wir halten unser Wort.«

Auch Otto Nuschke, uns bekannter Kirchbarackenstifter, war bei so viel Glauben mit von der Partie, doch Walter Ulbricht räumte alle Zweifel aus der Welt, daß es um einen anderen Glauben als um den an Stalin und natürlich an ihn selber gehen könnte. Seine damaligen Worte gingen nicht nur in die ruhmreiche Geschichte Stalinstadts ein, vielmehr wurden sie als »Turmrede« im ganzen Land berühmt. In ihr verwies er darauf, daß die Stalinstadt ganz sicher eine Reihe repräsentativer Türme haben würde, etwa den der Hochschule – die nie errichtet wurde – oder den des Rathauses und den eines Kulturpalastes. Türme aber von »Verdummungsanstalten«, so nannte Walter Ulbricht seinerzeit die Gotteshäuser, würden nie die Linien Stalinstadts verunstalten; der dienstälteste Pfarrer Eisenhüttenstadts, welcher zum Zeitpunkt jener Rede noch in eigener Sache, anders als die weltlichen Versicherungsvertreter heute, an den ersten Wohnungstüren klingelte, um Mitglieder für die Gemeindearbeit zu gewinnen, hat die

Rede sinngemäß der Nachwelt überliefert und den damaligen Widersacher auch politisch überlebt – er wurde erster Ehrenbürger der Kommune, seit die Zeiten sich auch in der Ersten Stadt des Sozialismus so hart wendeten, daß mancher schon an ihre letzte Ölung dachte.

Für die frischgetauften Stalinstädter selbst begann die Stadt nur langsam, von der Vorstellung allmählich zur Gestalt zu finden; annähernd zehn Jahre dauerte es, bis die mittlerweile unter Denkmalsschutz befindlichen Komplexe das Gesicht annahmen, dessen Schönheit manche heute erst und auf den zweiten Blick bemerken, wo die Stadt bereits ein wenig wie ein spätes Mädchen wirkt.

»Und Vierundzwanzigtausend
bekommen eine neue Stadt,
unsre Hochöfen brennen,
und hunderttausend Menschen,
die werden wieder satt!«

Kurt Leucht, der die Kommune auf dem Zeichentisch entwarf und der für Stalinstadt die Rolle spielte, die beim Bau der Stalinallee in Berlin von Hermann Henselmann gegeben wurde, hatte sie indes als jugendliche Schönheit konzipiert, und so, wie die Allee sich als der lebensfrohe Laufsteg unserer jungen Republik und ihrer Hauptstadt zeigen sollte, galt die Stadt im Heidesand als Born des neuen Lebens überhaupt, aus welchem – allerdings erst mit dem goldsprühenden Stahl – bald nur noch Milch und Honig fließen würden. In der Milchküche und in der Frauenmilchannahmestelle, welche nah dem repräsentativen Zentrum lagen, war ein Teil dieser Vision schon wirklich; die schlaraffenhaften Einrichtungen zeigten überdies von vornherein den Unterschied zur hauptstädtischen Renommiermeile an, die sich sehr viel stärker dem Zitieren steingewordener Machtsymbole und dem neuen Pathos als der Funktionalität und täglichen Bedürfnissen verschrieben hatte.

Unvorstellbar blieb es, daß zum Beispiel bei der Planung der Paradestraße Ost-Berlins auch die Errichtung dreier Zeitungskioske – einschließlich der dazugehörigen Bedürfnisanstalten – hätte Erwähnung finden können, selbst wenn die Lektüre unserer Zeitungen tatsächlich ein gewaltiges Bedürfnis war, wie deren Leitartikler stets beteuerten. Doch dafür wollte es die Ironie des Schicksals, daß die Stalinstadt ein äußerst feines, herrschaftliches Rathaus und ein imponierendes Kulturhaus aufzuweisen hatte, die bis in die jüngsten Tage in Berlin und seiner ersten Straße blieben, was sie schon vor vier Jahrzehnten waren: hochfahrende Pläne.

Widersinnig wirkt heute auch so manches andere Zusammenspiel, das beiden Bauvorhaben damals noch gemeinsam zugedacht war; schließlich war die Stalinallee immerhin der erste völlig neue und geschlossene Straßenzug der Nachkriegszeit in ganz Deutschland, selbst Arno Schmidt verwehrte ihr nicht die Bewunderung und fand sie 1956 »unbestreitbar eindrucksvoll«, als er, die Blaublusige eingehakt, der Straße wie der Freundin aus dem Osten sein »Steinernes Herz« zu Füßen legte.

Unbestreitbar eindrucksvoller noch gilt Stalinstadt dagegen manchem mittlerweile, jene erste Stadtgründung in Deutschland nach dem Kriege überhaupt, und wenn ihr auch nicht so pathetische Funktionen wie der ersten deutschen Nachkriegsstraße zugedacht waren, nahm sie still – und oft nicht ohne paradoxe Folgen – die verstiegenen Ambitionen der Allee im Kleinen auf.

»Und sie hören die jungen Lieder
und die frohe Melodie,
und sie stehen und sie zweifeln,
Denn sie bau'n und glauben nie.«

Kulturhaus Ernst Thälmann, 1954

So sollten sich die Kuppeltürme beispielsweise, die das Frankfurter Tor in Berlin verzierten, seinerzeit ganz selbstverständlich auf die beiden Dome des Gendarmenmarktes beziehen, obwohl doch deren Schicksal in den frühen fünfziger Jahren alles andere als sicher und die Stadtschloßsprengung längst noch nicht als letzter Akt des Dramas gelten mußte – Stalinstadts Kulturhaus wiederum, von jedermann als unbestrittenes Hauptgebäude der Gemeinde angesehen, und seine Dachaufbauten zielten optisch nach den ersten beiden Hochofengeschwistern und als Silhouette so auch zweifellos auf eine Ewigkeit, die heute wiederum kaum jemandem noch etwas gilt. Der Boulevard der Werktätigen in der Hauptstadt brüstete sich stets mit seiner grünen Überbreite, die ihn heute ruiniert, da sie geschützt ist und fast jegliches Geschäftsinteresse schmälert – Stalinstadt hingegen, welches stets mit seinen schmalen, grünen Promenadenwegen kokettierte, mußte sie verbreitern, für die Feuerwehrfahrzeuge wurden sie zu klein.

Die Einkaufsmöglichkeiten in der Renommierstraße waren

selbstverständlich ungleich größer als in Stalinstadts Geschäften, dennoch spürte man in ihr die Abwesenheit des Privaten beispielsweise viel dramatischer als in den Läden Stalinstadts. Man kann es sich inzwischen auch in Eisenhüttenstadt wohl nicht mehr vorstellen, daß es in den ersten Vierteln keine Art von Einzelhandel gab, keinen privaten Bäcker, Fleischer, Klempner oder auch Friseur; HO und KONSUM regelten alleine Angebot und Nachfrage, und dennoch boten all die Kioske, die Pavillons und kleinen Ladenzeilen mit dem Charme der volkseigenen Pächter und Betreiber mehr als nur das einheitliche Angebot des Fortschritts – heute noch tun Verkäufer beim Betreten eines Ladens so, als würden sie den Kunden gleich mit seinem Namen und mit Händedruck begrüßen.

War die Allee architektonisch auf kaum etwas so stolz wie auf die geschwungenen Platzwände am Strausberger Rondell, so erwiesen sich die ersten vier Komplexe Stalinstadts als Schwung einer kompletten Stadt. Noch heute ist man überrascht, wenn nicht gerührt oder begeistert, wie noch jede Straße sich in sanfter Kurvenhaftigkeit verliert oder auch plötzlich auf ein imponierendes Gebäude zuläuft, während man sich in den großen Blocks der Prachtstraße oft eher selbst verloren vorkommt. Jener seltene Zusammenklang bescheidener, moderner Eleganz und Funktionalität, wie etwa bei Le Corbusiers durchgrünten Wohnstädten, und gleichzeitig der populäre Wunsch, sich mittels repräsentativer Bauten scheinbar über seinen Alltag zu erheben, war in Stalinstadt auf geradezu vollkommene Weise eingelöst, wenn nicht herbeigezaubert worden – und noch heute empfindet man beim Gang durch seine fünfgeschossigen Gebäude ein fast heilsames Gefühl von Harmonie. Vielleicht dankt sich auch diese wiederum nur paradoxen Umständen, die beispielsweise allzu große Ausbrüche verhinderten und Teile der geplanten, repräsentativeren Kolosse gar nicht erst zur Ausführung geraten ließen. Der Zentrale Platz gilt als berühmteste von allen unbekannten Segnungen, die Stalinstadt erspart blieben. Doch auch die Hoch-

Straßencafé in Stalinstadt, 1960
»Bei schönem Wetter gibt es genügend Möglichkeiten im Freien etwas zu verzehren.«

schule und der Theaterbau, das Werktor von barocker Dimension und andere sprichwörtliche Höhepunkte prägten nur die Silhouette der Entwürfe und bedrücken heutige Besucher nicht.

Tatsächlich einte aber beide, Stalinstadt und Stalinallee, seinerzeit schon weit mehr, als sie trennte, und der aperçuverliebte Blick auch späterer Betrachtung sieht durchaus die einheitliche Perspektive beider Großprojekte auch noch heute – ihren unumstößlichen Familiensinn.

»Singend und im Schlenderschritt
kommt einer von der Schicht.
Heiter kräht ein Baby
seiner Mutti ins Gesicht.«

Achttausend Wohnungen waren für die etwa dreißigtausend Stalinstädter ursprünglich geplant, die gute Hälfte mit drei

Zimmern, Bad und Küche; Randgruppen dagegen stellten eingeschworene Kinderlose dar, für deren Einraumwohnungen kaum zwei Prozent bewilligt wurden, sowie unverbesserliche Kindernarren, deren Wohnungen zwar mit fünf Zimmern, aber nur mit drei Prozent in das Gesamtaufkommen Eingang fanden.

Zweizimmerquartiere waren in der Regel jungen Ehen mit dem ersten Sprößling vorbehalten – wir erinnern uns der folgenreichen Rendezvous in der Barackenstadt – und machten immerhin ein Drittel aller Wohngebäude aus, ein knappes Zehntel blieb für die Vierzimmerwohnungen.

Die ersten vier geplanten Wohnkomplexe boten jeweils fünfeinhalb- bis siebentausend Menschen Platz und nahmen insgesamt gut einhundertundfünfzig Hektar ein, die so der kollektiven Landwirtschaft verlorengingen, namentlich dem wundersamen, neuentwickelten Quadratnestpflanzverfahren, das aus der Sowjetunion in unsere Kartoffelfurchen fand und die Erträge um ein Vielfaches erhöhen sollte. Niemals würden diese Flächen unseren Schatzgräber 210 mit Rucksacksammler kennenlernen, auch den 224er nicht, der immerhin schon dreireihig die Ackerfrüchte ausriß, als der überholte Rübenheber Roderich, ein ausgedienter Zweireiher, noch die Kulturen aus dem Dunkel holte.

»Ohne Gott und Sonnenschein
bringen wir die Ernte ein«,

behaupteten die Radiosender hierzulande, doch ihr aufschlußreicher Ruf:

»Gemeinschaftlich erarbeiten –
gemeinsam abliefern«,

der unsere Landwirte zu Höchstleistungen stimulieren sollte, trieb die meisten Schollenhacker nur noch um so schneller auf die Entenfarm des RIAS.

»Es pfeift von allen Dächern:
weg mit Adenauers Knobelbechern.
Und schreit der RIAS ach und weh:
wir schützen unsere LPG.«

So begegneten sich fortschrittliche Kräfte der Umgebung Stalinstadts bald häufiger beim »Tag der Erntebereitschaft«, der anfangs noch mit Schwof und Bums einherging, später allerdings gehalten war, Kultur- und Tanzeinlagen fortzulassen. Sie sollten statt dessen besser dafür sorgen, daß ein breiterer Erfahrungsaustausch abgesichert würde, als er offenbar auf ländlichen Parketten möglich schien. Nicht bei der Damenwahl und flotten Käfern sollten Traktoristen ihre Stirne furchen, sondern angesichts der Käfer in den volkseigenen Furchen selbst die Initiative übernehmen. »Mit den Winden« zog ihr Lied bis in das letzte Dorf hinein, wen hätte es da noch verwundern können, daß sich selbst die Fahnen blähten! Auch Böhms Mittelfrühe und die Frühmolle waren bereits gefallen, nur die Immertreu blieb nach wie vor noch standhaft, doch schon warnten die Experten – visionär, wie man aus heutiger Betrachtung sagen muß –, daß man im Klima unseres Landes immer mit dem Auftreten der zweiten Larvengeneration rechnen müsse, die sich dereinst überwinterungsfähig zeigen könnten.

»Die Morgensonne gießt das gleiche Rot
belebend in die dunklen Ackerritzen.
Die Menschenaugen und die Stahlwerkzeuge blitzen.
Sie alle wandeln sich voll Kraft in frisches Brot.«

Seinen verpaßten Chancen ob der untersagten Schwofereien in ländlichen Kultureinrichtungen lief mancher nunmehr bei der öffentlichen Ziehung des VEB Zahlenlotto ungeduldig hinterher, wo man indes noch lange nicht gleich mit der Tür ins Haus fiel, das der deutsch-sowjetischen Freundschaft errichtet worden war. Erst gab es ein paar wichtige Begrüßungsansprachen, doch dann ... nein, noch nicht, jetzt kam erst einmal ein abwechslungsreiches Kulturprogramm. Dann aber … nein, noch immer nicht, denn nun begann erst noch der zweite Teil des glücklosen Präludiums. Der ließ dafür die Spannung bis in solche Höhen steigen, daß dem Augenblick der Ziehung selbst sogar historische Bedeutung zugesprochen wurde, welche sonst an völlig andere Ereignisse vergeben wurde.

»Da hat doch wieder einer dran gedreht,
der nichts davon versteht«,

versicherten sich, von der Tombola betrogen, anschließend verlotterte Verlierer Stalinstadts im »Aktivist«.

Aber auch die Spielnaturen, die bereits gewaschen und gekämmt vorm familiären Radio saßen, um dem »Perlon-Foto-Waschbären« zuzuhören, befummelten die Knöpfe, denn statt seiner gab es heute die »Sendung für den Arbeiter«. Doch der verweilte, wie wir wissen, noch im »Aktivist« und unterzog sich lieber freiwillig einer Entziehungskur von hochprozentig trockenen Sendungen.

»Endlich naht die große Stunde –
aus des Rundfunksprechers Munde
tropfen Zahlen zum Vergleichen,
und die Zuversicht muß weichen.«

Dafür bargen die bestellten Wohnviertel der Stalinstadt neben der Brot- und Fleischfabrik, die sich gemeinsam der Boulettenproduktion verschrieben, einen Bier- und Spirituosenverlag und diverse Lagerhäuser für das Einbunkern von einem Monatsbedarf an Genußmitteln, die ebenfalls schon planwirtschaftlich vorgesehen waren. Sie hätten in nicht ganz so guten Zeiten unseren verwöhnten Stalinstädtern alles das geboten, was sie sonst, in konjunkturgeschüttelten Etappen, in den mehr als hundert Läden kauften konnten, allesamt Spezialgeschäfte, die so hehre Titel führten, weil man auch in Stalinstadt ein ganz spezielles Faible für die Waren des alltäglichen Bedarfs entwickelte.

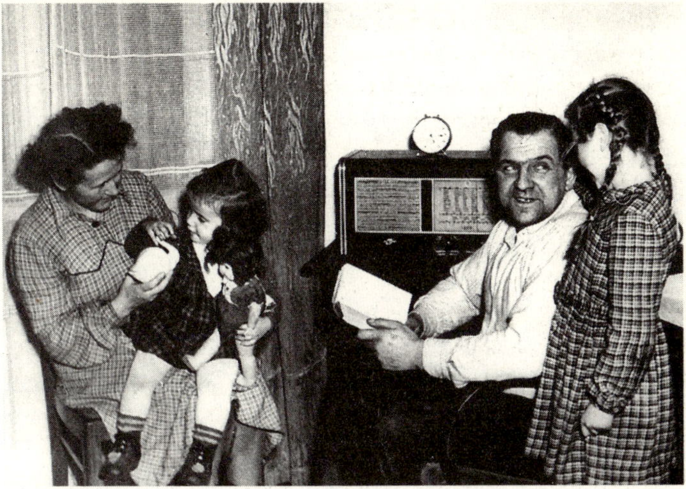

Schmelzer Schmidt vom Hochofen II
»Aktivist Schmelzer Schmidt im Kreise seiner Familie. Gudrun ist neunjährig und Sabine zwei Jahre alt.«

Als dort die erste Täschnerbude beispielsweise ihre Pforten öffnete, gab es auch – langersehnt – moderne Handtaschen für die Kolleginnnen, fast mehr, als unsere werktätigen Frauen und Mädels kaufen wollten – oder konnten; denn die volkseigene Modeindustrie hatte die Herbstmodelle ins HO-Geschäft gebracht, es waren in der Mehrheit Täschlein, die mit wenig Material den Neuen Kurs unserer Regierung und vor allem erst einmal den neuen Trend bestimmen wollten. Jene kunstledernen Kollektionen lieferten zugleich ein kurioses Argument zum Umtausch aller alten Personalausweise, die ganz plötzlich, nach dem Juniaufstand, offenbar nicht mehr im Handtaschentrend lagen. Ihre großen, allzugroßen Ausmaße bereiteten den Trägerinnen regelmäßig Umstände, wenn sie beim Einkauf ihre angejahrten Dokumente in der schicken Neuerwerbung unterbringen wollten, die sich nach französischem und italienischen Format gebildet hatte – was also lag näher, als die Personalausweise umzutauschen? Schlitzohrige Interpreten mochten eine Überprüfung mutmaßen, die Aufständischen noch einmal zu filtern, doch in erster Linie diente auch die Trendwende der Personalausweise nur dem Schutz unserer Einlagen, die Schmuggler, Wechsler und Betrüger aus der jungfräulichen Republik verbringen wollten; schließlich war der Goldgehalt unserer Währung damals gerade neu bestimmt worden, und man veranschlagte die volkseigenen Kronjuwelen mit 0,3999 Gramm pro Mark.

Beim Anteil, der der Stadt in naher Zukunft für die Schaffung unseres Nationalreichtumes zugedacht war, leuchtet ein, daß ihr ein eigenes Goldenes Buch bewilligt wurde, dessen erster Autograph die Eintragung von Wilhelm Pieck war, die inzwischen wenigstens dem Stadtmuseum Gold wert sein dürfte. In späteren Jahren trugen sich hier Leonid Iljitsch Breshnew sowie diverse sowjetische Kosmonauten ein, darunter Valentina Tereschkowa, die als erste Frau den Kosmos stürmte und nach der geglückten Niederkunft mit Chruschtschow und Juri Gagarin auf dem Roten Platz bejubelt wurde. Zeitungsfotos trugen unter jenem Gruppenbild mit Dame seinerzeit die schöne Zeile: Unser Himmelsvater zwischen seinen Himmelskindern. Im »Geteilten Himmel« Christa Wolfs dagegen war Gagarin noch ein Bauernsohn, welcher den Himmel pflügte, doch als er mit Valentina und mit Lotte Ulbricht später dem Berliner Tierpark seine Aufwartung gemacht hatte, wurde auch ihm wieder Genugtuung, denn in den Folgewochen taufte man in Friedrichsfelde alle Neugeborenen, ob Leopard oder Hyäne, Braunbär oder Zebraweibchen, nur noch Juri oder Valja.

»Überall, wohin man sieht,
da wird der Stahl gebraucht,
ob bei Bauer oder Schmied
und im Kosmos auch.«

Selbst der Präsident des damaligen Nordvietnam befindet sich im Goldenen Buch, doch daß man neben Ho-chi-Minh

Besuch von Wilhelm Pieck in Stalinstadt, 1954

»Im Kindergarten I. Wilhelm Pieck liest einen Brief, den die Kinder an ›ihren Präsidenten‹ gerichtet haben. Gleichzeitig zeigten sie ihm ihre vielen selbstgebastelten Spielzeuge.«

nicht auch den Großen Steuermann verewigt findet, wundert, schließlich wollte Mao Tse-tung mit seinem großen Sprung sogar auf jedem Bauernhof ein kleines Eisenwerk errichten lassen.

Der größte Sprung in Stalinstadt lag nur bei etwa dreißig Metern und gelang von einer Sprungschanze – auch über die verfügt die Stadt noch heute ebenso wie über einen kleinen, aber feinen Höhenzug, von dem so manche Aufnahme bezeugt, daß hier in Stalinstadt selbst Winterurlauber der Republik gern immer wieder ihre Ferien buchten.

In den Sommertagen fuhren die Stalinstädter in ihr eigenes Ferienheim auf Rügen, ins »Haus Goor«, das 1958 für die Renovierung hunderttausend Mark verputzte. Auf Betriebskosten geht's in die Ferien, schrieb die Zeitung seinerzeit über die volkseigenen Arbeitnehmer völlig selbstverständlich, und es sollte jeden Eisenhüttenstädter nachträglich mit Stolz und patriotischen Empfindungen erfüllen: schon vor vierzig Jahren konnte hierzulande jeder Werktätige sein ganz eigener Amigo sein! Wen wundert's da noch, daß selbst Kinderbücher schon so unverblümte Titel wie »Sie nannten ihn Amigo« trugen, wenn sie auch nicht ganz direkt dem unbezahlten Massenurlaub abgelauscht waren. Warum es inzwischen als Affäre gilt, hat seinen klaren Hintergrund – es ist der Nachholebedarf so vieler, welche vierzig Jahre lang in linksrheinischen Chefetagen schmachteten. Der eine oder andere will nun endlich wenigstens in unseren Tagen auch die spesenfreie Lebensqualität im Urlaub haben, die hier schon vor vier Jahrzehnten gang und gäbe war. Er sollte sich indes unserer Erfahrungen versichern – der Versuch, die schönere Vita mit Verspätung nachzuholen, hat kaum Aussicht auf Erfolg und gleicht zu sehr dem abgeschlagenen »Überholen, ohne einzuholen«, das zur Grundausstattung auch der Eisenhüttenstädter in den sechziger Jahren zählte.

In den Fünfzigern dagegen hatte mancher Stalinstädter noch Skurrileres zu lernen, beispielsweise, daß der Name Mao Tsetungs bedeute, »das Haupthaar adele den Osten«, und daß seine Brüder gleichfalls Mao hießen, wenn auch ihr Haupthaar die »Rote Farbe« und die »Morgenröte« adelte. Das Haupthaar ihres Vaters »schenkte Vornehmheit«, aber bereits mit vierzehn Jahren sollte Mao spüren, es war nicht weit her mit ihr – der Vater wollte ihn mit einer älteren Bauerntochter zwangsvermählen. Doch der aufmüpfige Sohn verweigerte die Hochzeitsnacht, was manchem Pionier in Stalinstadt vermutlich ziemlich dumm erschien, doch Mao wußte offenkundig schon sehr früh, daß Widerstand konkret sein mußte. Später, als er Wesen und Erscheinung besser unterscheiden konnte, widerstand er seltener und vermählte sich selbst öfter, als dem Vater lieb sein konnte. Während sich in Stalinstadt und auch im späteren Eisenhüttenstadt die Heiratswilligen in lange Wartelisten für das eine Standesamt versenken mußten – da war die Kommune wieder kleinstädtisch wie andere –, hüpfte Mao auf dem freien Heiratsmarkt umher, um sich von frühkindlichen Repressionen zu befreien. Während Thälmann beispielsweise, dessen Namen Stalinstadts Kulturhaus trug, schon nachts um vier in den Gemüsen seines Vaters wühlte, mußte Mao mit »geschenkter Vornehmheit«, wie wir den Namen seines Vaters zu erinnern wissen, auf die Felder, um genügend Schweinemist herbeizuschaffen. Später stiftete er seinem kindischen Verdruß jene erlesene Kampagne, die das Schwein zum Düngemittelwerk erhob und jeden Bauern patriotisch in die Pflicht nahm, neben den Gedichten Maos kräftig Schweinemist zu lesen.

»Welt dreht sich fort,
Zeit ist im Fluß.
Zehntausend Jahre – zu lang,
Lebt jeden Tag, jede Stund'.«

Da versuchte auch Nikita Chruschtschow noch, die Brandenburger Kolchosgründer für die Manukowski-Technik einzunehmen, die sich schließlich selbst in Rußlands Weiten so bewährt hatte; und auch der Dilettant Lyssenko, der mit sei-

Besuch in Eisenhüttenstadt, 19. Januar 1963
»Nikita Chruschtschow und Walter Ulbricht wurden bei ihrer Ankunft im EKO von den Werktätigen begeistert begrüßt.«

nen Riesenähren nicht einmal dem Marschall Stalin Eindruck machen konnte, ging mit Hilfe von Nikita auch bei uns noch einmal über alle Dörfer. Doch daß sogar Chruschtschows angefaulte Maiskampagne hier nochmals zu Ehren kommen sollte, bleibt für immer unerklärlich – jedenfalls der landwirtschaftlichen Betrachtung –, zeigte es doch, daß der Bauer hierzulande durchaus fraß, was er nicht kannte. Während in dem Riesenreich das wenigstens propagandistisch hochdotierte Neuland und mit ihm der Mais so sehr verkam, daß die Sowjetunion vom Klassenfeind Getreide importieren mußte, kamen seine hochgewachsenen Kolben in der DDR sogar ins Fernsehen oder in die Bühnenbilder theatralischer Revuen, die unser neues Leben auf dem Lande zeigten. Da war allerdings Nikita selbst bereits als Scharlatan durchschaut, nicht nur in bäuerlichen Zirkeln, auch die führenden Genossen hechelten: »Gesät hat er in Kasachstan, in Kanada geerntet.« In den Sechzigern dagegen wußte kaum jemand, daß Chruschtschow ein so landloser Geselle war und welche Bürde Mao Tse-tung nicht nur an seinem Namen trug, geschweige denn, wer sich wohl hinter Ho-chi-Minhs Inkognito im Goldenen Buch verberge. Später trugen sich die Gäste von der Zuckerinsel Kuba oder aus der Partnerstadt in Frankreich ein – und unser Goldenes Buch geriet zum paradoxen Spiegel vieler Kinderbücher, wo die Orte wechselten, die Helden aber blieben. In den frühen fünfziger Jahren schlichen Maos illegale Pioniere durch die Reisfelder in den Provinzen, um die Bauern gegen Tschiang Kaischek zu unterstützen, später brachten sie die Wasserschläuche in die Feldlager der Partisanen in Algerien, um die Fremdenlegionäre zu vertreiben. In den Sechzigern, bewaffnet nur mit ihrem unvermeidlichen Sombrero, halfen sie, die Yankees in die Schweinebucht zu treiben, Jahre später lockten sie die abgeschossenen Piloten in den Dschungel von Vietnam und in die Irre – all die Jahre schien das ganze Hinterland ein großer Kindergarten, der sich nicht nur in den Büchern für die jungen Leser, sondern selbst im Goldenen Buch der Stadt fast vollständig noch einmal niederschlug.

Der erste Hochofen in Stalinstadt dagegen wurde tatsächlich von Kinderhand gezündet; in olympischer Manier und tausendfach bejubelt, nahm ein Junger Pionier dem aufgeregten Otto Grotewohl die Fackel aus der Hand und trug das Feuer an den Ofen, und auch später ließen sich die Jüngsten Stalinstadts nicht ohne weiteres durch Prominenz beirren, wenn sie beispielsweise im Kulturhaus und im kunstvoll kalkulierten Dunkel saßen; achthundert erwartungsvolle, unbestechliche Betrachter füllten häufig die begehrten Plätze, wenn sich prominente Musen in die Stahlarbeiterstadt verirrten. Manche wichtige, gefeierte Premiere aus der Hauptstadt fand nur wenig später vor den strengen Augen unserer Kinder auf die Bühne des Kulturhauses oder auch des Gewerkschaftshauses, das, wie die Chronisten schrieben, in nur tausend Stunden aufgebaut und an die Stalinstädter übergeben wurde. Hier mußte das Spiel der hauptstädtischen Bühnen seine Klasse nochmals zeigen, denn die Stahlarbeitersprosse ließen sich von Lobgesängen selbst bekannter Kenner und Theatergänger nicht so leicht beeindrucken. Im Pioniertheater etwa wohnten Wilhelm Pieck und Otto Grotewohl der deutschen Erstaufführung eines starken Stücks aus der Sowjetunion verstohlen bei, um zu beobachten, ob jene »Ferien am Waldsee« für den ungeküßten Mund von Verotschka auch wirklich nur ein wenig überm roten Halstuch von Serjosha endeten.

Das erste Roheisen, 19. September 1951
»Ministerpräsident Otto Grotewohl bei der Übergabe der brennenden Fackel an einen Jungen Pionier. Rechts Minister Selbmann.«

»Wolodja und Serjosha steh'n
hochrot, ein bißchen bang.
Ich frag' noch mal:
›Wie ist's geschehn?‹
Hart ist der Stimme Klang.«

Schon eine Woche später beschrieb jene Zeitung, die auch in der Stalinstadt die meisten lasen, wie Genosse Pieck erneut im Taumel des Premierenfiebers saß, an seiner Seite diesmal Walter Ulbricht, der gelernte Tischler, der im »Teufelskreis« endlich auch einmal selbst erfahren wollte, was es mit den Brettern auf sich habe, die die Welt bedeuten – er mußte schließlich Otto Grotewohl in dessen Urlaub auch in Kunsturteilen wenigstens formal vertreten. Der hatte im Jahre 1955 hier das riesengroße »Friedrich-Wolf-Theater« feierlich eröffnet und bei Flotows »Martha« leise mitgesummt.

Das große Lichtspielhaus in Stalinstadt vermochte ebenfalls achthundert Zuschauer zu fassen, seine kleinere Schwestereinrichtung noch immerhin die Hälfte. Wer das Filmgeschäft aus jenen Jahren nur sehr oberflächlich kennt, mag das für übertrieben halten, aber eingeführte Rollen wie der alte Schwedenstreifen »Es geschah aus heißer Jugendliebe« sorgten damals für Furore. Eine Woche vor dem Fest des Friedens und der Liebe feierte der Filmimport in Stalinstadt gleich beide, denn er zeigte, wie zwei junge Menschen den Morast der Unaufrichtigkeit und ihrer moribunden bürgerlichen Ordnung überwanden. Nur zwei, betrauerte ein Rezensent das Happy-End und folgerte um so erleichterter, in Stalinstadt und in der ganzen fortschrittlichen Republik sei er bereits vom größten Teil nicht nur der Jugend überwunden. Oder sah vielleicht in alten Zeiten vor der Schicht ein Arbeiter von seiner Wohnung aus ins Werk hinüber, ob die Öfen liefen? Stand er früher vor der Haustür, wenn die Arbeiter der anderen Schicht nach Hause kamen, um sich nach den Produktionsergebnissen oder eventuellen Havarien zu erkundigen? Mitnichten, hieß es 1960, als die Stadt ihr zehntes Gründungsjahr beging und viele Chöre, Volkstanzgruppen, Laienzirkel, Agit-Prop-Gruppen und -Kabaretts das Jubiläum feierten. Ein wahrer Abräumer der zehnten Muse war ein lästernder Dramatikzirkel Stalinstadts, der bei den letzten Festspielen den ersten Platz belegt und sich so für die Delegierung bei den Werktätigen revanchiert hatte. Zwar war ein weiterer Bewerber nirgends ausgemacht oder gar übertroffen worden, doch der erste Preis und die erneute Delegierung waren verdient – vielleicht kam ja beim nächsten Mal ein Kontrahent in Sicht.

In jene Festlichkeiten um den zehnten Jahrestag der Gründung Stalinstadts fiel auch die erstmalige Selbstdarstellung ihrer Einwohner in einem großen Massenfestspiel mit dem Pyromanen-Titel »Blast das Feuer an«, durch das die Masseninitiativen, die den Alltag Stalinstadts bestimmten, bühnenfähig werden sollten. Ihre Freilichtbühne, über die die Insze-

Stalinstadt 1959, links: Friedrich-Wolf-Theater

nierung ging, war erst im Vormonat und in ...zigtausend tatsächlich freiwilligen Aufbaustunden hingezimmert worden. Kommunisten haben keine Wahrheit, aber Leidenschaft, bestätigten sogar die schärfsten Kritiker im Westen, wo man zwar die Wahrheit habe, aber keine Leidenschaften spüre, sondern nur das Wirtschaftswunder zwischen Schweinskotelett und Kinokarte sähe. Hier jedoch sahen dreitausendfünfhundert Zuschauer das Stück, das sie angeblich ganz allein geschrieben hatten – wie den dritten Teil des »Faust«. Von dem sagte Genosse Ulbricht seinerzeit, daß über hundert Jahre, nachdem Goethe seine Feder schon für immer aus der Hand gelegt hätte, die Werktätigen ihn vereint zu Ende brächten – sicherlich in Unkenntnis, daß es sich um den dritten Teil einer Tragödie handelte.

Im Jahre 1960 aber waren die Stalinstädter Massenfestspieler gewissermaßen noch Eleven in der Zündelzunft; als viele Jahre später sogar eine Langspielplatte über die Kommune wenn nicht auf den Musikalienmarkt, so doch in die Kantinen und Gewerkschaftseinrichtungen kam, verriet die Hülle, daß sie ihrer Neigung treu geblieben waren und sie mittlerweile sogar meisterhaft beherrschten: »Wir, die Herren des Feuers« hieß die Scheibe, die nur wenige in jenen Jahren kannten, als sie hätte unsere Hitparaden stürmen können.

»Wo's damals begann,
da wuchsen in unserer Hand –
neue Werke, eh' man sich besann,
floß Reichtum in unser Land.«

Mit Beginn des volkseigenen Wohlstands, als allmählich Waschmaschinen, Kleinkrafträder und selbst PKW – die allesamt die Buchstaben EH im Schilde führten – Eisenhüttenstadts Familienhaushalt immer mehr bereicherten, erinnerte fast nur noch die verschossene Mode, die auch in den frühen Sechzigern noch längst nicht zum Verlieben aussah, an den schweren Anfang. Damals, als die Handtaschen nach Stalinstadt gekommen waren, hatte auch das neueröffnete Textilgeschäft noch tüchtig nach Bekleidungsüberraschungen für unsere jungen Frauen suchen und im Schaufenster orakeln müssen: Was trägt wohl die Frau im Jahre 1954? Bange Frage oder seinerzeit schon Plinkern mit dem volkseigenen Überangebot – vielleicht sollte das Schaufenster den Unterschied von Angebot und Nachfrage einfach vergessen machen, denn es wollte damals weiter wissen: Führt sie stolz ein Abendkleid aus Perlon oder doch das kleine Elegante schon am Nachmittag unter die Neuen Menschen, geht sie gar im roten Cord oder in schwarzer Wolle oder in der Stola nach Belieben in den Abend – keine Frage, sie ging mit der Zeit, und die war selbst der Zukunft unserer Kaninchenzüchter zugewandt. Kleinbürgerliches Hobby hin, Pelzmantel her, für einen winterlichen Überzieher mußten da noch vierzig Felle auf den Ladentisch geworfen werden; nur zehn Jahre später konnte man ihn ohne Felle im Textilkaufhaus erwerben, dafür waren auch in Eisenhüttenstadt die Kleintierzüchter mit den gut organisierten Mümmelmännern mittlerweile eine im Kulturbund etablierte

Eisenhüttenstadt, 1964

»Unser Foto zeigt die moderne Verkaufsstätte für Kraftfahrzeuge in der Lenin-Allee.«

Formation. Doch selbst so rückständige Broterwerbe wie die Aufzucht von privaten Langohren konnten in der Stalinstadt schon 1953 nicht als Kinderkrankheiten des Neuen abgekanzelt werden, sondern ihrerseits zum Teil des Fortschritts avancieren, der inzwischen in der Stadt so selbstverständlich war wie die stabile Stromversorgung, die vor Jahren noch zum Unwägbarsten in der Stadt gehörte. Zahlreiche Kampagnen hatten die Verbraucher da noch täglich bei den Ohren genommen, doch die jungen Menschen hatten mit der 100-Watt-Bewegung kein Problem, besonders abendliche Liebespaare sollen in ihr aktiv geworden sein und mittels kostenarmer Heizmethoden kräftig Strom gespart haben.

»Freilich, für so fette Sachen
muss man heißes Wasser machen.
Doch zur Spitzenzeit heißt's dann:
Stecker raus und Ofen an.«

So simpel war das alte Lied der neuen, fortschrittlichen Jugend, das inzwischen in den schönen Wohnungen verdienter Ehepaare längst verklungen war, der Wohlstand hatte auch die Poesie der geradezu elektrisierenden Appelle längst gefressen, und der Stromfraß war schon längst kein Kündigungsgrund mehr, wie ihn der Handel noch in frühen Tagen statt verführerischer Auslagen den Stalinstädtern präsentierte: »Keine Stromsünder beim Konsum« hieß der damalige Aushang, der bewußt im dunkeln ließ, ob die Meriten sich tatsächlich Einsparungserfolgen oder einer riesigen Entlassungswelle dankten.

Nicht nur hell und warm erstrahlten nun die Wohnungen in Eisenhüttenstadt; auch in der neuen Wohnkultur, schon 1954 vom Ministerrat beschlossen, räkelten sich die Bewohner endlich in den siegreich eingeknickten Sofakissen, und im Kaufhaus schimpften sie schon längst nicht mehr auf volkseigene Rustikaldesigner, sondern waren vollständig dem Angebot der Möbeltischler, Teppichweber, Fliesenmaler und Gardinenspinner ausgeliefert oder gar verfallen. Längst war auch der Formalismus aus der Möbelkunst vertrieben, der vor Jahren noch den Forderungen an den fortschrittlichen Innenausbau hohnsprach und den Werktätigen nicht genügen konnte.

Mittlerweile war der damalige Mangel an Exoten-Deckfurnieren längst beseitigt, vorgefertigte Rosetten, Möbelfüße und dekorative Elemente waren stets und überall zu haben, und besonders hatten es die neuen Faserplatten unseren Käufern angetan, die aus verschiedensten Einjahrespflanzen, etwa Raps, Kartoffelkraut und anderen Kulturen, wunderbar polierte Kollektionen wachsen ließen. Liebespaare tummelten sich ganz besonders vor den tollen Schlafzimmern, die im Waggonbau Dessau angefertigt worden waren, und wer hier überbreite Stahlrohr- oder sogar Gleisbetten vermuten wollte, den belehrten jene birkenholzfurnierten Liebesnester unserer vielseitigen anhaltinischen Kollegen wirksam eines Besseren.

Allerdings war der Ministerratsbeschluß bis heute noch

nicht bei den Nachttischlampen angekommen, die nur in ganz seltenen Ausnahmen den künstlerischen Ansprüchen genügen konnten, die der schichtarbeitende Kollege beispielsweise, morgens nach dem letzten Abstich gerade heimgekehrt, an seine Funzel stellte, ganz zu schweigen von Bedürfnissen, welche am Abend dann die Gattin anmeldete, wenn ihr doch noch ein geschmäcklerisches Licht aufging und sie den Kachelofen musterte – der wenigstens entsprach ihren Erwartungen in Form und Farbgebung.

Die Höhen der Kultur zu stürmen, hatte Walter Ulbricht damals ernstlich aufgetragen, und ein Komiker aus seiner Heimatstadt nahm ihn beim Wort: »Ich hoch und – keener oben«, kommentierte er den Auftrag, doch die Künste ahnten ihre Möglichkeiten in der Stadt sehr bald und dankten sie ihr in der Folge und in immer größerer Zahl mit wuchtigeren oder kleineren Monumenten. Man kann sie noch heute betrachten, denn nicht nur die Federfuchser, auch die bildnerischen Künste schufen ihr die angemessenen Werke, und in Scharen wirkten hier die malerischen Enkel Adolph Menzels, der schon im vorangegangenen Jahrhundert gutbezahlte Bildnisse von Landesvätern mit der gleichen Selbstverständlichkeit wie Eisenwerke und Porträts von Proletariern auf die Staffelei zwang.

»Brot und Eisen« etwa hießen die noch eher kleinen Abbildungen aus den Anfangsjahren, später malte Womacka hier ganze Kaufhausgiebel flächendeckend zu mit friedfertigem Optimismus, bis er sich am »Haus des Lehrers« auf dem Alexanderplatz verging und dem mit einer Bauchbinde den keuschen Atem nahm.

Nicht vollständig zu nennen sind die Bildhauer, die mehr als siebzig größere, teils kleinere Plastiken zurückließen, darunter den bekannten »Hüttenwerker« vor dem Tor der Stahlfabrik, der auch noch heute nicht auf menschliches Format geschmolzen ist. Eine der ersten Plastiken in Stalinstadt war die des Bauarbeiters, ein Betonkopf und dennoch sympathisch. Später brach auch hier moderne Kunst das Auge manches

Blick in die Leninallee, 1963

Schaffenden: die »Hockende« zum Beispiel, die noch heute ganz eindeutig sitzt, »Die Ausziehende«, die nicht etwa anderswo den Grusel sucht, den Eisenhüttenstadt ihr nach wie vor nicht bieten kann, sondern sich einfach auszieht, oder auch das »Affenpaar«, dem klar der dritte Artgenosse gerade entsprungen ist – ein überdeutliches Signal, daß irgendwann die Zeiten des Nichts sehen – Nichts hören – Nichts sagen hier vorübergehen würden. Mancher Steinmetz nahm indes die eigene Zunftbezeichnung wörtlich, wenn sein sprödes Material zur Metze des erklärten Realismus wurde, lange schon vorüber schien die Zeit, als noch der Bildhauer in jedem Findling eine schlummernde Madonna suchte. Dieser oder jener ließ sich daher in der Stadt beziehungsweise in der näheren Umgebung nieder, nicht allein der malerischenLandschaft wegen: drüben in der grünen Oder-Aue waren auch die Arbeitsmöglichkeiten alles andere als mau. Die Künstler hatten »Werkverträge« einer völlig neuen Art und waren sogar Angestellte des Betriebes, wenn sie etwa Laienzirkel oder Volkskunstgruppen leiteten. Die freien Künste holten sich die Aufträge im steten Wechsel, einmal von der Stadt und einmal aus dem Werk, denn die plebejischen Sponsoren hatten seinerzeit noch schwergewichtige Budgets. Und was der »Bitterfelder Weg« im Jahre 1959 und noch einmal 1963 proklamierte, wurde in der Stahlstadt schneller zur bewährten Praxis als an anderen Orten: Arbeiter versuchten sich an Staffeleien oder auf der Bühne des Kulturpalastes, Künstler wiederum versuchten sich an malerischen Hügeln auf der Großbaustelle oder auf der Ofenbühne – heute stehen von beiden Unternehmen die Produkte zur gefälligen Betrachtung.

Vielen gilt die Stadt inzwischen als intaktes DDR-Museum unter freiem Himmel, und zumindestens für ihre ersten Wohnkomplexe gilt das ohne jede Einschränkung und Ironie. Doch baugeschichtlich wenigstens reicht ihre Tradition entschieden weiter. Stalinstadts Erbauer schlossen an Ideen des sozialen Wohnungsbaus der zwanziger Jahre an, über die man aber in den Fünfzigern nur hinter vorgehaltener Hand oder polemisch reden konnte. Walter Ulbricht wollte nichts von Wohnungsbaugedanken wissen, deren Tradition auch dreißig Jahre später noch eindeutig auf das Konto der Sozialdemokratie geschlagen wurde und die früher mit sozialen Wohnprojekten Stimmen für die SPD statt für die KPD gescheffelt hatten. Dabei waren die ökonomischen Kalamitäten durchaus ähnlich, welche den gescholtenen Siedlungen der Zwanziger das endgültige Aussehen gaben, das noch heute zum Besten in der Baugeschichte zählt. Bei Baubeginn jedoch waren gerade sie als formalistisch und vor allem kleinbürgerlich abgekanzelt worden, aber still und dennoch hat man sie in Stalinstadt verbaut. Gewiß zitierte ihre Anlage als Fächerstadt, längs einer prominenten Achse, auch absolutistische Momente in der Baugeschichte, doch allein die wirtschaftliche Lage ließ sie eher zur Moderne als zu aufwendigen Stilen neigen. Zudem wies die Magistrale nicht, wie in Jahrhunderten zuvor, aufs Schloß des Landesherren, sondern auf das Eingangstor des Werkes, dem die Stadt in ihrem Aussehen angemessen wurde – und nicht etwa umgekehrt. Die Hauptstraße kam so auch ohne einen breiten grünen Mittelstreifen aus, wie man ihn ebenfalls von prominenten Schloßalleen kennt, denn schließlich war sie auch der Straßenzug für jene großen Aufwartungen, die die Werktätigen ihrer Führung machten, wenn sie bei bekannten, feierlichen Anlässen aufs Werktor zumarschierten.

»Wieviel seidene Fahnen rauschen,
wie sie sich im Winde bauschen!
Hoch die Fahnen, strömt herbei!
Heut' ist Festtag! Heut' ist Mai!«

Bilder von verdienten Aktivisten oder anderen rührigen Kollegen wurden an die Häuserwände in der neuen Stadt geworfen, stark vergrößert auf zwei Meter Höhe und drei Meter Breite durch den Einsatz eines Bildwerfers. Vergleichbar praktisch waren große Buchstaben, die in der Höhe zwischen einem halben bis zu einem vollen Meter zu beziehen waren.

Ganze Häuserfronten konnte man auf diese Art im Nu zu Kampfansagen umgestalten: wenn zum Beispiel das Wort DEUTSCHE unterm zweiten Stock und die Vokabeln AN und EINEN unterm ersten Stock befestigt wurden, schließlich das Parterre mit einem TISCH verstellt wurde, saß auch der letzte linksrheinische Stammtischbruder böse fest.

Auch für die Landbevölkerung in der Umgebung Stalinstadts gab es spezielle Kniffe, die sich ganz und gar aufs ländliche Milieu besannen, aber um so mehr für Furcht und Schrecken bei den Kriegstreibern und Pfeffersäcken in den Metropolen sorgten.

Gab es einerseits den ernstgemeinten Vorschlag, beispielsweise die Broschüren, welche vorzugsweise in die ländlichen Gebiete unserer Republik geliefert wurden, in ein wenig größeren Schrifttypen zu drucken als für städtische, geübte Leser, konnten nun die Kampfansagen aus den Dörfern ihrerseits ein wenig größer und auch gröber sein:

»Bankier und Militarist
landen bei uns
auf dem Mist!«

Mit einer großen Mistgabel, etwa zwei Meter lang, an deren Zinken rechts und links ein Kriegshetzer am Hosenbeine aufgespießt war, konnte man sich ihrer leicht entledigen. Zur Unterstützung und zur fliegenden Agitation hatten sich regelmäßig Motorrad- oder Fahrradkolonnen sowie Reitergruppen überdies bewährt, gerade ihrer Vielseitigkeit wegen waren die aufgeklärten Rollkommandos gern gesehen. Selbst der vielgescholtene Einzelgänger, übers Jahr mit kollektivem Mißtrauen betrachtet, brachte es am Ersten Mai mit selbstgefertigten Karikaturen kurzzeitg zu Anerkennung: fünfzig mal einhundert Zentimeter maß ein Bild, das »Ohnmacht gegen Weltmacht« hieß, links unten ein Kapitalist mit dem Zylinder, welcher wütend seinen Arm nach oben reckte, wo ein Arbeiter, die starken Arme vor der Brust verschränkt und überlegen lächelnd, auf den miesen Wicht herabsah. Klar, daß es für solche ausgefallenen Einfälle nicht nur ein Schulterklopfen gab – bei der Prämierung ging so mancher Büchergutschein zum Erwerb von Stalinwerken über den gedeckten Festtagstisch, der irgendwann zusammenbrechen mußte.

Ohnehin war Vorsicht längst geboten; wenn zum Beispiel alle Jahre wieder Mailosungen des ZK der SED das neue Leben proklamierten, war es sicherer, genauer hinzusehen. »Kämpft wie Ernst Thälmann für die Schaffung der Aktionseinheit in Westdeutschland!« – mit Recht war da ein Stirnrunzeln geboten, leicht war ein makaberer Scherz des Gegners denkbar – oder ein verspäteter Aprilscherz aus den eigenen Reihen. Dreißig Tage erst lag eine boshafte Verlade unserer Schaffenden zurück, die hier – April, April – das Schöpfertum der Werktätigen diffamierte, das schon immerhin den Motor-

Grundsteinlegung zum Fünfjahresplan, 1951

roller »Pitty«, unseren Schallwaschautomaten »Waschbär« und den Handstaubsauger »Steppke« aufzubieten hatte. »Telefone in der Westentasche« aber waren kein Erfolg aus ihren Konstruktionsbüros und ausnahmsweise auch kein Schlag der Spionageabwehr, sondern als Geschenk volkseigener Tüftler an ein feierliches Jubiläum angezeigt. Jene Geräte wären einer Taschenlampe täuschend ähnlich und als Autotelefone, aber auch als »Apparate«, mittels derer Staats-und Wirtschaftsfunktionäre jederzeit von ihren Sitzungen aus ihre Mitarbeiter schnell und sicher instruieren könnten, demnächst nutzbar. Telefongebühren, damit auch die volkseigene Post zu ihrem Recht sowie zu ihrem Geld käme, seien mittels einer monatlichen Grundpauschale aus der Welt, und selbstverständlich würden sich mit dieser Neuerung, die man schon bald für etwa fünfzig Mark über die hiesige HO verkaufen würde, auch für alle Journalisten ungeahnte Perspektiven auftun. Sicher war die Glaubhaftigkeit der verprochenen Gebührenpraxis

Auf der Terrasse eines Cafés in Stalinstadt, 1954
»Vorläufig müssen Gisela Wentzel aus Ershausen, Inge Böttcher aus Heiligenstadt und Marianne Wegener aus Nordhausen auf der Terrasse des Cafërestaurants noch stehen. In wenigen Wochen schon werden hier geschmackvolle Tische und Stühle zum Sitzen einladen.«

daran schuld, daß nicht sofort die meisten einen Scherz vermuteten – genau so hätte sie die Post getätigt. Wer sich allerdings ein wenig der dreifaltigen Misere Auto, Telefon und Presse in der hingegangenen DDR erinnert, kann sehr leicht ermessen, wie betreten unsere Werktätigen damals waren, auf so abgeschmackte Weise in den sozialistischen April geschickt zu werden. Nur die alljährliche Initiative, Wettbewerbsverpflichtungen zum Ersten Mai zehn Tage vorfristig bei der Gewerkschaft abzurechnen, übertraf solche Pikanterie, wenn die Erfolge regelmäßig auf den zwanzigsten April datierten und sich auch noch aufgeweckt und stark dem Festzug präsentierten.

»Hell ist unser Blick und eisern die Fäuste« – nicht nur die blasierten Stahlbarone Westdeutschlands kam angesichts so mancher Stalinstädter Mailosung schon seinerzeit ein Schmunzeln an, denn frei von jener Brut der Ausbeuter zu leben, sicherte noch längst nicht gleich die Überlegenheit der Muttersprache im gespaltenen Vaterland. Wenn Stalinstadt zur Heerschau ausgerechnet aller Friedensfreunde rüstetete, wo es den tollwütig gewordenen amerikanischen Barbaren endgültig die Grenzen ihrer Macht, vor allem aber die des guten Willens seiner Hüttenwerker zeigte, waren Zehntausende auf seiner Magistrale unterwegs, die zahlreichen Delegationen Westdeutschlands noch gar nicht eingerechnet: auch nicht Thomas Müntzer, dessen Namen jede zweite LPG trug und der sich im Maifestumzug der erstaunlichsten Vitalität erfreute, ganz zu schweigen von all denen, die sich nur der Riesentombola zuliebe in den Zug der Friedenskräfte mischten.

Eine Dauerwelle gab es unter anderem in den frühen Jahren zu gewinnen, und die Eisenhüttenstädterinnen, die sich bei den heutigen Friseurtarifen die Haare raufen, werden darin wenig Komisches entdecken. Doch die Hauptgewinne waren in der kinderreichsten Stadt der DDR natürlich zukunftsorientierter und nicht halb so eitel, wenn zum Beispiel die noch unverehelichte Achtzehnjährige, verständlich leicht verschämt, den Kinderwagen auf die Losnummer dreihundert in Empfang nahm, der vom Umtausch ausgeschlossen war. Im Mai, im Mai, da rief der Kuckuck auch die jungen Stalinstädter alle Jahre wieder, nicht nur vor das Werktor, wo die Manifestationen offenkundig längst noch nicht zu Ende sein sollten. Aber wo man Stadt und Werk an diesem Platz verbinden und nicht gegenüberstellen wollte, hatten erste Pläne für das Werktor durchaus ihrerseits noch höfische Entwürfe vorgeschlagen – wenn das Tor auch nur auf einen Werkhof weisen würde, konnte jeder sehen, selbst im neuen Leben ging die Macht von Hofe aus, die Herrschaft blieb, allein die Höfe wechselten.

»Er steht gebückt inmitten von Eisen und Stahl,
mit lederner Schürze und schützenden Brillen,
und zwingt den knatternden, sprühenden Stahl
und lenkt ihn mit eisernem Willen.«

In ihren Wohngebieten aber war die Stahlkommune äußerst funktional geplant und auch insofern im Gefolge jener Avantgarde der zwanziger Jahre zu verstehen. Stadt und Landschaft sollten eine Einheit bilden, in der Oderniederung genauso wie in den Entwürfen der Moderne, die durchaus weit über dem Niveau an Eintracht und weit unter dem an Einfalt lagen, die ein ortskundiger Lyriker der Stadt verordnen wollte:

»Ich ruhe, wo Heide war,
auf einer Bank im Rosengarten
über der Stadt,
von fröhlichen Leuten umgeben.
In mir ist ein Wort,
das heißt: Frieden –
und ein Satz, ganz leis:
Du, mein liebes Land!«

Doch die Bewohner sollten sich, auch insgesamt, in einem größeren sozialen Raume aufgehoben fühlen; spätestens die Satellitenstadtbewohner Halle-Neustadts oder von Berlin-

Blick auf eine neue Straße mit Verkaufsläden, 1955
»Rechts im Bild die erste Telephonzelle der jungen Stadt.«

Marzahn verstanden in den folgenden Jahrzehnten den humanen Ansatz mehr als deutlich, den die Stalinstadt realisieren wollte, wenn sie abends von den weit entfernten Arbeitsstätten in die seelenlosen Plattenbauten fuhren.

Bei der Grundsteinlegung Stalinstadts jedoch sprach man noch sehr ausführlich von der Baukunst der Befreier; die sowjetische Ästhetik war wohl Vorbild in den Leitartikeln, doch das Geld für solche Opulenz war nie vorhanden oder schon in die zur gleichen Zeit erbaute Renommiermeile Berlins geflossen. Auch der Prachtstraße versuchte man, das Vorbild Moskauer Bebauungspläne nachzureden, aber sie war nicht zuletzt von Bauhausschülern um den Architekten Henselmann errichtet worden, der war wiederum von Schinkel stärker inspiriert als von der vielgerühmten Ingenieurkunst der sowjetischen Kollegen. Doch sowohl der Stalinstadt wie auch dem »Boulevard der Werktätigen« in der neuen Hauptstadt wurden jene Ähnlichkeiten immer wieder nachgeworfen, schließlich sollten sich die Bauten unseren Werktätigen und dem Namen Stalins gleichermaßen würdig zeigen. Aber weder hämische Behauptungen, man wähne sich in Stalinstadt wie in den Straßen Woroneshs, noch jene säkularisierte Taufe, welche Walter Ulbricht am Beginn unseres Spaziergangs und am achtzehn Meter hohen Obelisken höchstpersönlich vornahm, hatte für die Bauweise der Stadt bemerkenswerte Folgen: glaubt man den Chronisten, war es wieder einmal der Parteichef selbst, der in der Stalinstadt den Bauarbeitern die architektonischen Leviten las. Denn nicht nur viel zu klein, geduckt und viel zu schmucklos muteten ihn noch die ersten Bauten aus dem Jahre 1951 an; auch ihre Ausführung monierte der versierte Handwerksmann, der sofort sah, woran sich Laien, die zum ersten Mal die Kelle schwangen, nach dem Motto ausprobierten:

»Heute geht es mal nicht
mit der Wasserwaage,
heut wird alles bucklig,
heut wird alles krumm.
Heut ist heute
und nicht alle Tage,
heute geht es rund
und immer herum.«

Mit dem Beginn der sechziger Jahre wurde Eisenhüttenstadt zur Wohlstandsfestung ausgebaut und mit Erzeugnissen beliefert, die im ganzen Lande nicht zu haben waren. Wer etwa ein Fahrrad brauchte, fuhr nach langer Odyssee in unsere Eisenhüttenstadt und fand es dort mit Sicherheit, und als der Trabi schon ein rares Fahrzeug war, stand er im Autosalon unserer Stahlarbeiterstadt noch mitnahmebereit im Schaufenster; auf Teilzahlung war er bis in die späten sechziger, für nicht einmal achttausend Ostmark noch bis zu Beginn der siebziger Jahre zu erwerben. Im bekannten »Klubhaus der Gewerkschaften« und hinter dessen sozialistisch-realistischen Glasmalereien hielt man die Frauen der Hüttenwerker auf dem lau-

Im Foyer des Friedrich-Wolf-Filmtheaters, 1964

fenden, die Kollektionen einheimischer Hersteller bestanden häufig ihre Feuertaufe auf dem Laufsteg des Kulturhauses.

Noch in den Fünfzigern verkündeten die Modenschauveranstalter den Stalinstädtern Moskauer Niveau und Mannequins, die laufen lernten, so stand es zumindest auf den Eintrittskarten für nur eine Mark und fünfzig – dafür konnten die Novizinnen der Mode dann getrost auch einmal aus den Pumps und Plisseeröcken purzeln.

Auch dem Friedrich-Wolf-Theater wurde von Ensembles anderer Bühnen regelmäßig aufgespielt, zum Beispiel dem der Havelmetropole Potsdam, das mit seinem »Faust« Furore machte, weil die Darsteller so unverhältnismäßig heiter mit dem Bösen schabernackten. Damals lag das Repertoire der hauptstädtischen Bühnen allenfalls noch auf den Rängen, der Mephisto der vermeintlichen Provinz gab sich jedoch schon derart überzeugend infamos, daß die Besucher alle Hoffnung auf das Gute fahren ließen und dem Niedrigen auf offener Bühne Beifall zollten. Schuld daran war eigentlich der Faust, der höchstens in den Gretchenszenen tatsächlich nach Ganzheit strebte und ansonsten den berühmten Tatenmenschen schmerzlich missen ließ, so schmerzlich, daß der Oberste Geheimrat Walter Ulbricht selbst der jungfräulichen Republik die Unschuld und erwähnten dritten Teil in Angriff nehmen wollte.

Und mit einem Gretchen, wie es Faust wohl niemals kannte, hatte auch das neue Leben längst schon aufgewartet: dreiundzwanzig Jahre alt war Margarete erst und schon Bezirkstagsabgeordnete und Traktoristin, Ortsausschußvorsitzende der Nationalen Front und, wie die Zeitung durch Verschweigen eines klassenkampferfahrenen Verlobten nahelegte, obendrein sogar noch ungebunden, wenn man ihre Einbindung in die gesellschaftliche Arbeit einmal außer Acht ließ – wer wollte die Fortsetzung des »Faust« bezweifeln, der schon längst zum Sprung über den schummerigen Orchestergraben anlief, hin zu Margarete und zu unseren anderen neuen Menschen!

Mit Hilfe der Sowjetunion baute man 1968 ein Kaltwalzwerk in Eisenhüttenstadt; ein weiteres Kapitel auch der Stadtgeschichte wurde so geschrieben, und die Zahl der Einwohner stieg noch einmal um gut zehntausend auf fast fünfzigtausend gegen Ende des Jahrzehntes. Unter ihnen viele Männer im Marinelook, die Stadt war nebenher auch Hafenstadt im größeren Stil als je zuvor geworden, deren Schiffe nicht nur Industrierohstoffe, sondern nun die Materialien für den Neubau des Berliner Alexanderplatzes lieferten. Der Hafen Eisenhüttenstadts war immerhin, nach Magdeburg, der größte Binnenhafen und gewissermaßen das Pendant im Osten zu den Liegeplätzen, die die Republik im Westen bot. Ein großer Teil der Ex- und Importe sowohl des Ostens wie des Westens lernte das Transitland DDR nur auf dem Wasserwege kennen; Fernfahrer der damaligen BRD, aus Holland oder Belgien fuhren in Magdeburg auf Schubrahme, um dann erst hinter Eisenhüttenstadt wieder die Straße zu benutzen; die Kollegen der Sowjetunion, aus Polen, aus der damaligen Tschechoslowakei oder Bulgarien fuhren in Eisenhüttenstadt vom Damm, um auf der kleinen Kreuzfahrt in die Elbemetropole abzuruhen. »Diplomaten hinterm Lenkrad« nannte man die Brummifahrer hierzulande, um dem Korps der »Botschafter im Trainingsanzug«, unseren Sportlern, oder auch den »Botschaftern im Blauhemd«, die in Afrika als Enkel Albert Schweitzers volkseigene Lambarenes bauten, eine neue Farbe zuzufügen und zugleich zu suggerieren, die ganze Republik sei ein vornehmes Parkett.

Und auch Eisenhüttenstadt war mehr als nur die eisernjungfräuliche Magd des noblen Staates, denn es hatte längst schon eine Yachtwerft, die die Vornehmheit in späteren Zeiten bis zu fünfzigmal im Jahr vom Stapel ließ.

Da überdies das neue Kaltwalzwerk vor allem Bleche für die Waschmaschinenhersteller und Autobauer lieferte und jeder zweite Haushalt damals angeblich schon beides aufzuweisen hatte, schien das ganze Land mit Eisenhüttenstadt verbunden – eisern war das Freundschaftsband wie immer.

»Es ist ein Lied, dem Heute vermählt,
wie es ihm früher nie geklungen,
was brausende Flamme und Stahl ihm erzählt,
das hat zutiefst ihn durchdrungen.«

Doch nicht allein ein Kaltwalzwerk entstand im Jahre 1968; ohne Pomp und prominente Gäste wurde auch ein Plattenwerk errichtet, das historisch scheinbar wenig mit den epochalen Produktionsstätten von Eisenhüttenstadt zu schaffen hatte, aber dafür um so konsequenter dessen erste Wohnstätten zum alten Eisen legte – fortan würde ausschließlich industriell gebaut.

Bereits der fünfte Wohnkomplex, im wesentlichen in den ersten Jahren nach dem Mauerbau entstanden, war ein Kind der Großblockbauten, die die Kosten niedrig halten und das Bautempo erhöhen sollten. Da sich aber auch die vierstöckigen Zeilenbauten noch der Mäßigung befleißigten und überdies als erste und zugleich bereits als letzte den versprochenen Bezug zur Landschaft tatsächlich realisierten, scheint der fünfte Wohnkomplex in heutiger Betrachtung zwar als klarer Bruch mit den bisher verwendeten Methoden, aber auch als akzeptabler Übergang zu neuen Formen und als denkbare Alternative zu den Wohnhöfen der bisherigen vier Gebiete. Die waren zu Beginn der sechziger Jahre ins Visier geraten, selbstverständlich nicht ins ökonomische, vielmehr in das der ideologischen Verklärung. Kaum ein halbes Dutzend Jahre nach

Chruschtschows berühmter Schelte an den alten Baumanieren zogen auch die Architekten in der DDR nach und erklärten, jeweils in sich ruhende und voneinander abgeschlossene Wohnkomplexe wären dem neuen, sozialistischen Zusammenleben in den Städten fremd – und so begann auch für die Stahlarbeiterstadt die neue Offenheit.

Inzwischen war die Stadt schon schulbildend für weitere geworden; 1957 wurde mit dem Bau von Hoyerswerda eine zweite »Stadt des Sozialismus« in der DDR errichtet, sie bestand schon ganz und gar aus Plattenbauten und versuchte Nikita Chruschtschows Kritik von 1954 an den allzu aufwendigen Baumethoden zu beherzigen, obwohl er in den Medien hier als Bauer sehr viel öfter denn als Architekt gewichtige Erkenntnisse vermelden ließ und es gar nicht so einfach schien, ihn irgendwo als Fachmann einzuordnen. Als Nikita seinerzeit die Architekten rügte, war er gerade sechzig Jahre alt geworden, und die Redakteure unserer Radiostationen waren noch ein wenig unsicher, was man von ihm zu halten habe. Sie erübrigten für Stalins treuesten Kampfgefährten, so ihr einhelliger Leumund damals, in der Regel weniger als jede Hausfrau für ein Schnellgericht – kaum mehr als fünf Minuten. 1954 war er noch ein unbeschriebenes Blatt, doch als er siebzig wurde, mußte Walter Ulbricht schon persönlich hinters Pult, eine Laudatio zu verfassen, denn die Vita von Nikita schien inzwischen fast genauso mysteriös und von Geheimnisen umrankt wie die des staatsmännischen Stehaufmännchens unserer jungfräulichen Republik. Es waren nicht allein die großen Auftritte, die Chruschtschow zwischen Moskau und New York zu dieser einmaligen Popularität verholfen hatten: In der Hauptstadt aller friedliebenden Menschen hatte er im Jahre 1956 mit der Stalin-Ära abgerechnet, zum Verdruß der meisten seiner eigenen Genossen; in der Metropole des Verfalls dagegen hatte er, der bislang nur mit seinen Fäusten auf Verhandlungstische trommelte, im Jahre 1960 seinen Schuh erhoben – nicht nur gegen die Versammelten der UNO, die das donnernde Stakkato miterlebten und dabei mitanhören mußten, wie Chruschtschow zugleich die Internationale und die Volksdemokratien brüskierte, denn er nahm, nicht gerade richtungsweisend, seinen rechten. Walter Ulbricht aber, klassenkampferprobter Gratulant vom Pleißestrand, dessen Gedächtnis viele rühmten, hatte 1964, also zu Nikitas siebzigstem Geburtstag, jenen Lapsus vor der Welt ganz offenbar vergessen – nur ein halbes Jahr vor der Intrige, die den leutseligen Staatsmann stürzen würde, lobte er ihn noch einmal in höchsten Tönen und auf höchster Ebene. Denn viel lieber als an weltpolitische Pikanterien erinnerte sich unser sächsischer Geschickelenker an so denkwürdige Tage, die ihn mit Nikita in den volkseigenen Stallungen unserer Dörfer sahen, wo sie sich vor den Genossenschaftlern als versierte Agronomen gaben. Zweifellos ein Bubenstreich, denn beide wußten von den weiten Fluren sehr viel weniger als von Korridoren der Parteizentralen. Walter Ulbrichts Hinweise zum Hackfrucht- und Getreideanbau haben dabei allerdings nie einen Bauern irritiert – er galt von vornherein als hohle Hülse; woher aber speist sich bis in unsere Tage unverwüstlich die Legende, daß es um Nikita besser stand und gerade er mit seinen Instruktionen immer wieder Neuland zu betreten wußte? Nikita Sergejewitsch, ein Bergarbeitersohn, der sich in seiner Jugend in den Gruben, Schächten und Fabriken in der Don-Region als Schlosser durchschlug, hatte nie ein Feld bearbeitet. Sein Studium an der Industrie-Akademie, die Stalins Namen trug, erklärte allenfalls den leidenschaftlichen Mechanisator; aber auch die Tätigkeit als Moskauer Parteichef wirkte selbst auf jene eher großstädtisch, die noch bis in die sechziger Jahre Moskau für ein Riesendorf mit rotem Kirchturm hielten.

Chruschtschow hatte in den dreißiger Jahren hier am Bau der weltberühmten Metro eine große Aktie, deren Bahnhöfe man auch nicht gerade als ländliche Stationen sehen konnte. Selbst der Rang des Generalleutnants, zu dem es Chruschtschow an der Stalingrader Front gebracht hatte, erklärte seine Kompetenz den ländlichen Kulturen gegenüber wenig sinnfällig. Der ihm verliehene Suworow-Orden I. Klasse half den Menschen hierzulande auch nicht in die Spur; Suworow war nicht, wie der eine oder andere Ausgeschlafene sofort annimmt, ein gewiefter Bauerngeneral: vielmehr besiegte er Napoleon mit jenem alten Trick von Hannibal, indem er, so wie dieser, klammheimlich die Alpen überschritt. Der russische Aristokrat des achtzehnten Jahrhunderts sowie der nach ihm benannte Orden boten so noch immer keinen Hinweis auf die Bodenständigkeit Nikitas. Und der Umstand, daß Suworow irgendwann am Zarenhof in Ungnade gefallen war, hat damals niemand als Orakel oder gar als visionär empfunden. Woher also, fragten sich nicht nur die Bauern Brandenburgs schon damals hilflos, kam der Ruf des Meisterbauern? Dankte er sich wirklich nur dem Umstand, daß Nikita Chruschtschow im September 1953 auf dem Plenum des ZK der KPdSU Entwicklungen der Landwirtschaft gegeißelt hatte? Immerhin wurde er dafür prompt zum Ersten Sekretär gewählt – seriösen Jüngern aber schien diese Erklärung allzu dürftig. Damals mochten viele noch an einen Zufall glauben, heute wissen nicht nur seine leidenschaftlichen Verehrer: diese Wahl markierte den Beginn der langfristigen Demontage, die den Feldherren wie den Autor kniffligster Kompendien des Klassenkampfes – kurz gesagt, den letzten Sproß der russischen Intelligenzia – nur zehn Jahre später auf den Maisacker der Weltgeschichte werfen würde.

Ein Jahrzehnt nach Baubeginn des Stahlstandortes nun wiederum wurde die Chemiearbeiterstadt von Schwedt errichtet, welche aus dem Tabakpflanzerstädtchen, wie die Presse schrieb, eine »Romanze« machte, die in »Stahl und Licht erstrahlte«, aber längst die Plattenbaumisere offenkundig machte.

Dort, wo für die Nordlichter von Vorpommern der unbekannte Süden seinen Anfang nimmt und der kommode Mecklenburger nur noch Fremdheit spürt, begann die Uckermark, schon immer unbekümmert von den wechselnden Verwaltungslinien und ein wenig oberhalb von Prenzlau, wo der Landmann immer schon beim samstäglichen Einkauf auch ein bißchen nach der Hauptstadt schielte. Hier lag für die volkseigenen Chronisten seinerzeit das »Land am Strom der Freundschaft«, wie die ganze Gegend zwischen Schwedt im Norden und der alten Tuchstadt Guben südlich unserer Stalinstadt auch oft genannt wurde. Der Ehrentitel lobte voller Doppelsinn ganz Brandenburg zum einen als Beschützer jener neuen Ufer, die den Völkern Osteuropas zukünftig als Friedensgrenze gelten sollten; gleichzeitg beschrieb er die gemeinsam produzierte Energie aus Öl und Kohle, die die DDR aus den benachbarten Regionen importierte.

Manchem schien die Freundschaft sicher damals schon ein wenig häufig strapaziert, denn nicht nur Flüsse, auch die Edölleitung, dieser Ort und jene Brücke mußten mindestens im Beinamen die »Freundschaft« mit sich führen, und allein in Eisenhüttenstadt zum Beispiel gab es vierhundert Brigaden, die mit ihrem Titel an der Freundschaft keinen Zweifel ließen. Über tausend Hüttenwerker wohnen heute noch in der Stadt, die ihre Ausbildung in der Sowjetunion erhielten und die Freundschaft sicher nicht nur stets im Munde führten, sondern tatsächlich im Herzen trugen und vielleicht auch daher niemals deutlich wurden, was ein Slogan wie »Nach Saporosher Art zu arbeiten heißt kommunistisch arbeiten« bedeuten mochte.

In den fünfziger Jahren saßen sie noch ungläubig im »Zirkel KPdSU / Für Anfänger« und nutzten das illustre Angebot zu einem weiten Blick über den eigenen Tellerrand, als andere längst noch nicht begriffen hatten: den Marxismus-Leninismus weiterhin zu ignorieren hieß sich selbst zu schaden und in Rasputinscher Finsternis auch künftig zu verweilen.

Sie erfuhren beispielsweise nie etwas vom Glück ihrer sowjetischen Kollegen, das demnächst auch hier ins Haus stehen würde. Schon mit siebenundvierzig Jahren etwa Pensionär

Eingang zum Eisenhüttenkombinat »J. W. Stalin«, 1953

zu sein, war für die Schwermaschinenwerker Moskaus längst schon Wirklichkeit, sie konnten über den Zwölfstundentag unseres greisen Präsidenten milde lächeln, denn das Privileg traf jeden Arbeiter, der fünfundzwanzig Jahre lang im gleichen Werk die Bolzen oder auch nur seine Runden als Betriebsinspektor drehte. Er nahm, falls er dennoch danach weiterwursteln wollte, zusätzlich zu seinem Lohn noch einmal sechzig, wenn nicht achtzig Anteile desselben mit nach Haus, versicherte ein Kirow-Werker – lachend! –, wie der Zirkelleiter referierte. Gerade vor Freunden hat man kein Geheimnis, sagte man in früheren Jahren Stalinstadts hingegen, um den Dank an die Sowjetunion zu formulieren, welche ihre besten Schmelzer schickte, um den Zöglingen der Oderniederung ein wenig aus dem Nähkästchen zu plaudern und zu zeigen, wie der Stahl tatsächlich golden fließt.

Doch in den letzten Jahren haben sich die Brandenburger mit den Nachbarn oft ein wenig schwergetan, obwohl gerade sie im Umgang mit den nun Beschimpften am vertrautesten gewesen sind. In Schwedt, dem Zentrum der petrolchemischen Industrie der DDR, gab es gemeinsame Brigaden, die – natürlich – Freundschaft hießen und in all den Jahren auch tatsächlich hielten, was ihr Namenszug versprach. Doch seit in vielem die Romanze, für die manche Schwedter in den Sechzigern genauso glühten wie die Stalinstädter in den Fünfzigern, wie oft im Leben, gänzlich unromantisch zu verlöschen droht, ist die gewohnte Nähe zu den Nachbarn böse umgeschlagen. Schwedts Karriere von der Tabakpflanzersiedlung zur Chemiebastion hing anfänglich wie Stalinstadt das Flair der Pionierzeit an; seitdem jedoch die »Friedensgrenze« nun von vielen hier als Kriegspfad angesehen wird, fühlt man sich in den Klausen Schwedts erst recht wie in Saloons, die sich auf Überfälle von Indianerstämmen vorbereiten, und nach Küchenschluß ertönt das Kriegsgeschrei.Dabei hat 1958 alles sehr viel hoffnungsvoller angefangen, als, zumindestens dem Slogan nach, Chemie noch »Brot, Wohlstand und Schönheit« bringen wollte. 1963 sächselte Genosse Ulbricht hier in Schwedt die großartigen Startkommandos »Schieber auf!« und »Geben Sie den Weg frei!« in die Mikrophone – für das Erdöl aus der Pipeline »Freundschaft«, daß es fortan stets zum Ruhme der Erbauer fließe. Ein Chemiearbeiter, so erklärte man den Schwedtern seinerzeit, erschaffe Werte für sechshunderttausend Mark im Jahr, mehr als das Fünffache des Hüttenwerkers, welcher in der Stahlkommune Roheisen zu halbwegs annehmbaren Ausgangsstoffen schmelzen mußte, und sogar das Zehnfache des weiter südlichen Kollegen, der auf Brandenburger Abraumhalden braune Kohle zu Briketts veredelte.

Da war der gute Name Stalinstadts schon längst dahin und klammheimlich an jene Wunder der Chemie verraten worden; die Legenden aus den fünfziger Jahren wurden in die neuen Formen Schwedts gegossen oder vollsynthetisch zu unglaublichen Erfindungen der DDR verzischt – doch die Chemie zwischen den Industriegiganten an der Oder stimmte nie so recht.

Auch in der neuen Stadtvision besorgten sich die etwa vierzigtausend Einwohner von Schwedt vom Sonntagsbraten bis zur Anrechtskarte für die stadteigene Bühne alles selbst. Im Arbeitertheater Schwedts gab noch vor gar nicht langer Zeit so mancher Nachwuchsregisseur die braven Stoffe ab, der dann um so geschwinder im Berliner Brechtmuseum eine Chance erhielt, auch einmal hinter dem Regiepult des Ensembles stehen zu dürfen. Wenigstens als Geste könnte heute der eine oder auch die andere ein Plädoyer für die gebeutelte Region auf diese Bretter knallen und sich ab und zu erinnern, daß er seine Anfänge den nasgeführten Anrechtlern im ausverkauften Schwedt verdankte.

Heute spürt das alte Tabakstädtchen höchstens noch ein wenig von der unerschütterlichen Ironie aller Geschichte, mancher Patriot sogar ein wenig Häme: Schwedter Tabak wurde jahrelang nach Hamburg exportiert, wo mancher der verwöhnten Hansestädter damals sicher wirklich in die Luft gegangen wäre, hätte er geahnt, wie nahe die »HB«-Kulturen dem Chemiegiganten standen.

Mittlerweile hat man das Gefühl, daß Eisenhüttenstadt wie Schwedt das gleiche Schicksal trifft: allmählich holt sich die Natur die schwer gestürzten Industriekolosse und die großen Siedlungen zurück. Nicht nur die Straßen scheinen zuzuwachsen, große Flächen zu verwaisen, auch die Landschaft dringt von ihren Rändern her bereits in beide Städte wieder ein wie einst der Dschungel in die Inkahauptstadt Machu Picchu. Damals nannte man das Oderbruch, das heute wieder auf die Reißbrettstädte zumarschiert, noch den Gemüsegarten unserer Republik – der schien jedoch, gemessen am Gemüseangebot der Republik, nicht halb so aggressiv wie heute, wo sich niemand mehr erinnert, daß die Wohnblocks anfangs schutzlos in der grauenhaften Hitze flirrten, der gewöhnlich Neugründungen ausgesetzt sind.

Als die ersten Wohnkomplexe Stalinstadts schon längst bezogen waren, litten die Bewohner schwer in ihren komfortablen, lichtdurchfluteten Gemeinschaften; zwar schien die Oderniederung endgültig aus dem Schatten ihrer ländlichen Vergangenheit herausgetreten, dafür waren die Stalinstädter auf der sprichwörtlichen Sonnenseite angekommen. Grünflächen und Sträucher gab es und selbst kleine Haine zum Flanieren oder auch zum Salutieren an verschiedenen Feiertagen, nur an Bäume hatte man teils nicht gedacht, teils waren sie dilettantisch und so dicht wie sonst nur Fahnenstangen in den Boden eingebracht worden; andere wieder waren an Stellen angepflanzt, wo auch die anspruchlosesten nur sofort wieder eingehen konnten, viele wurden einfach nur vernachlässigt, so daß fünf Jahre nach dem ersten Axtschlag Stalinstadt nun wieder aufgeforstet werden mußte. Und wo schon die ersten Rodungstrupps mit Fahne, Losung und Kampagne in den Wald gezogen waren, fand auch die Bepflanzung nicht ganz ohne publizistische Umrahmung statt. Natürlich wollten Stalinstadts Begrüner nicht die vielzitierte Hoffnung in der Stadt

Richtfest am Hochofen I, 10. April 1951

»Zehn Tage vor Plantermin konnten die Werktätigen die Richtkrone am Hochofen I anbringen.«

Eisenhüttenstadt, 1965

verwurzeln, wie man es von den gescholtenen »Verdummungsanstalten« vernommen hatte, sondern diese Optimisten waren – wieder einmal – eine breite Volksbewegung, die in nur zwei Jahren »1 000 Bäume für Stalinstadt« beschafften, um sie in das kommunale Erdreich zu verbringen. Eichen, Birken, Linden wuchsen ebenso heran wie Ahornbäume, Ebereschen und Robinien. Keine ideologischen Berührungsängste gab es gegenüber Roteichen, die aus Amerika gekommen waren, auch nicht vor so wenig volksnahen Exoten wie der Gleditschie, dem Maulbeer- oder dem Trompetenbaum. Schnell hochwachsende Pappeln wurden weniger gepflanzt als anderswo, denn Stalinstadt hatte, wie schon erwähnt, keine Vergangenheit und also auch nichts, was man hinter solchen Baumreihen hätte verbergen müssen. Und selbst anzüglichen Spötteleien gegenüber, die für denkbar galten, zeigte man sich souverän und pflanzte unbekümmert Eßkastanien, Stinkeschen und ähnlich sinnträchtige Sorten in die Wohngevierte und den Baumkataster Stalinstadts.

Zehn Jahre später saßen die gereiften Stadtgärtner von Stalinstadt bereits als »Junge Menschen unter alten Bäumen« und in einem Bildband über Eisenhüttenstadt; doch heute sieht man manches Haus und manchen schön geschwungenen Straßenzug vor lauter grünem Wildwuchs fast nicht mehr. Knapp hundert Baumarten waren damals in die Stadt gekommen, wo es vormals nur die Kiefernheide gab, und kaum die Hälfte konnte überleben – dennoch läuft man heute durch die Stahlarbeiterstadt wie durch ein riesengroßes Arboretum, dessen Ruhe und Beschaulichkeit zudem auch längst nicht mehr von fernem Industrielärm irritiert wird. Eine Bronzeplastik – »Liebespaar unterm Schirm« – mag noch heute manchen an die sonnigere Zeit erinnern; doch die zweitwichtigste Profession, die Eisenhüttenstadt, nach unseren Hüttenwerkern selbst, in all den Jahren hatte, wird vielleicht demnächst wieder die führende, wenn für die Gärtnerinnen in den Grünanlagen mehr zu tun verbleibt als den verbliebenen Schmelzern.

Schließlich sollte 1983 für die Stahlarbeiter Eisenhüttenstadts die Neue Zeit beginnen, die in Liedern schon Jahrzehnte in ihr waltete. Die Stahlkocher aus Linz, der niemals offiziell geehelichten Partnerstadt in Österreich, errichteten Europas wohl modernstes Werk, das in dem Billiglohnland Erich Honeckers Konverterstahl erzeugen sollte. Doch in diesem Falle stieg die Zahl der Einwohner nicht wie in früheren Jahren immer, wenn ein neues Werk hinzukam, sondern sank – so manche junge Frau in Eisenhüttenstadt verstand den schmusigen Begriff der Partnerstadt auf ihre Weise, und in Linz kann man seit dieser Zeit auch das Idiom des spröden Brandenburgischen vernehmen.

In den fünfziger Jahren wäre solches Treiben undenkbar gewesen, da berichteten Porträts noch von den ersten Stalinstädterinnen, die auf russischen Traktoren durch die Hallen tuckerten. Die echte Gleichberechtigung jedoch, die unsere Frauen immer gleicher und berechtigter im neuen Leben praktizieren wollten, mußte erst noch zäh errungen werden.

»Doch die Anne hoch im Krane
schreit: ›Geht aus der Bahn‹,
und sie fährt mit ihrem Eisen
besser als ein Mann.«

Andere suchten mit schier unglaublichem Heldenmut sogar nach weitaus höheren Verantwortungen: Gift in Probefläschchen beispielsweise waren nicht eben eine weihnachtliche Sendung, doch sie ging zum Jahresausklang an die Funktionäre der KP in Stuttgart, und die Redakteurin einer Brandenburger Zeitung, die den Inhalt jener Fläschchens zwecks wahrhaftiger Berichterstattung ausprobierte, ward von Krämpfen heimgesucht. So konnte sie sich, anders als die männlichen Kollegen, ganz persönlich für den Mordanschlag verbürgen – selig sind die Unerschrockenen, die in Schwaben immer schon mit märchenhaften Heldentaten von sich reden machten und die so auch von den tapferen Frauen Brandenburgs erfuhren, die die neue Zeit hervorzubringen wußte.

»Frieden, Einheit, Gleichberechtigung« erhoben damals gut viertausend delegierte Mädels aller Altersgruppen hier zur Forderung des Tages und erklärten, daß es nun den Unverbesserlichen ein für allemal ans Leder ginge – allerdings nur an den Hosenbund der Reaktion, das heißt, es stand allein das Wams des halben deutschen Lands am femininen Pranger. Denn von dessen Brutstätten des Lasters ging die Rede damals, von Bordellen ganz zu schweigen, wo die mädchenhafte Jugend physisch und moralisch niederkam und auf die eine wie die andere Art verseucht wurde. Diese Erniedrigung der Frau sei jedoch mehr als nur ein westdeutsches Problem, denn sie bedeutete zumindest die Entrechtung für die Hälfte unseres Volkes. Da geriet so mancher sicher schwer ins Rechnen, denn die Hälfte eines Volkes war auch damals schon ein Viertel, es sei denn, die Delegierten schlugen den entrechteten Geschlechtsgenossinnen aus Westdeutschland gleich deren unglückliche Männer zu, die dort noch nicht den Segen einer gleichberechtigten Gefährtin spüren durften – dann ergab sich rechnerisch wieder ein halbes unglückliches Volk und überdies die vielzitierte neue Qualität: denn wann schon hatte je zuvor, von späteren Treffen nicht zu reden, jemals ein Kongreß so vieler Mädels auch die Männer, die an nichtemanzipierten Frauen weidlich litten, gleichberechtigt in den Blick genommen?

Selbst verstockten Kerlen, deren Leiden sich noch heute in klaren Grenzen hält, wenn es um ihre unmündigen Frauen geht, bleibt bestenfalls verspätet ein Frohlocken, daß die aufgezeigten Perspektiven der Veranstaltung von damals auch im Eisenhüttenstadt der Gegenwart nicht eingelöst sind – typisch weibliche Prognosen, unscharf, wenig analytisch und verträumt, mögen sie nunmehr schwadronieren. Es sei nicht nur notwendig, so hieß es damals, die Bordelle zu verbieten und die Schließung der bestehenden gemeinsam zu erzwingen; auch die Zahl der Kindergartenplätze, Urlaubsheime und der Ferienlager sei zu steigern, die verstärkte Nutzung der sowjetischen Methoden schmerzarmer Geburt ein fortschrittlicher Auftrag, und daß jeder Frau der Beruf offensteht, den sie erwählt hat, galt zumindest zeitweilig für denkbar. Einige der Forderungen würden im vereinten Deutschland weiter vorgelegt und dann verwirklicht werden, glaubte der Kongreß; nur eine weitsichtige Delegierte scherte aus und plauderte dagegen damals schon ihr Lieblingsmotto in die Reihen, das zu Hause unangreifbar ihren Schreibtisch zierte:

»Weniger Sitzungen –
mehr praktische Hilfe,
gerade darin liegt
die Stärke unserer Führung!«

Es waren auch die meistgebrauchten Worte Stalins, und die Jugendfreundin hatte offensichtlich beste Kenntnisse, wo Stalins Weisheit und die Macht seiner Gedanken ihre Wurzeln hatten, nämlich darin, daß er sich von den Gedanken der Millionenmassen seines Volkes niemals abschloß, sondern sie, wie nicht erst Spätere wußten, vielmehr einschloß.

Klar, daß sich die führenden Genossen solcher Frauen gerne annahmen, denn schließlich waren sie die rechten Brüder Josefs und erwiesen sich tagtäglich als Verkünder unserer Wahrheit, Kämpfer unserer Klasse und als Patrioten unserer Tat, die ganz allein den kampferprobten Schwestern einen adäquaten Dreiklang stiften konnten. Walter Ulbricht, alter Schwerenöter, machte daher aus den Sklavinnen von gestern unsere

Kämpferinnen, die schon heute keinen Zweifel daran ließen, morgen als die Siegerinnen der Geschichte aufzutreten. Die jedoch erkannten schnell den durchsichtigen Antrag des Regierungschefs – der von den Aktivisten, Meistern, Technikern und Wissenschaftlern forderte, den werktätigen Frauen bei der fachlichen Qualifikation zu helfen – als ein stellvertretendes Manöver für die abgerissenen Heimkehrer, die längst das Matriarchat unserer Trümmerfrauen zum Bildungsdefizit erklärt hatten, um selbst in die Büros der gutgeheizten neuen Zeit zu huschen. Höhepunkt der auferlegten Unterwürfigkeit war aber zweifellos die Annahme, unsere Frauen wären seinerzeit gerade im Begriff, sich dank der Politik unserer Partei zu vollwertigen Menschen zu entwickeln, die auch unsere Kinder für ein langes, klassenkämpferisches Leben herzurichten wüßten. Selbst die seinerzeit noch schnuckeligen Backfische des späteren Lehrerinnenzölibats verloren fast die kollektive Contenance angesichts der scheinbar fortschrittlichen Frage: »Ist die Ehe ein Versorgungsinstitut?«, versuchten sich die Männer so auch der letzten bürgerlichen Zwänge zu entledigen, indem sie dies sofort verneinten und die Emanzipation bejahten. Es sei keinerlei Entschädigung berechtigt: selbst der Fall, daß eine unbescholtene Verlobte dem Verlobten erst die Beiwohnung gestattete und das Verlöbnis durch Verschulden des Verlobten sich dann löste, widerspräche nicht unserer Verfassung und den Anschauungen von der Stellung unserer Frauen, die längst nicht mehr nur Aufbewahranstalten ihrer Unschuld waren.

In den späteren Jahrzehnten sangen dann die Töchter unserer Delegierten zwar noch oft das alte Lied »Du mußt die Führung übernehmen«, doch sie hatten sich inzwischen ihren eigenen Reim auf das gesungene Gut gemacht und mochten damit wirklich nicht mehr warten.

»Wenn die Stadt schon schläft,
die Hochöfen, sie singen
weiterhin ihr Lied«,

hieß es inzwischen in schon neuen Songs, die Eisenhüttenstadt im weiteren zum Schlager machen wollten, doch die Nacht vermochte mittlerweile auch schon dort weit mehr für führungswillige und einfallsreiche Frauen zu bieten, und das »Lunik«-Hotel mit der einzigen und also schönsten Nachtbar der Plebejersiedlung war zum zweiten Mal in seiner Herbergsvita ständig ausgebucht. Zwar hatten auch in anderen Jahren bis zu zehntausend Besucher schon die über hundert Betten des Hotels zerwühlt, und unter ihnen waren selbstverständlich stets auch renommierte internationale Gäste, häufig Abordnungen oder Mitglieder des Weltgewerkschaftsbundes, die vom Rotem Fluß oder der Moskwa, von der Themse oder von der Seine kamen. Die Franzosen zählten, neben den Genossen aus Magnitogorsk und Kriwoi Rog natürlich, zu den regelmäßigsten und frühesten Besuchern der Kommune; Bilder aus den Anfangsjahren zeigen sie bei der Besichtigung des Hafens und des Werks und wirken, mit den Abbildungen anderer verglichen, fast wie Szenenfotos neorealistischer Milieufilme, und auch die kleineren Akteure schnitten ungefähr um so viel besser ab wie George Marchais vor Mao Tse-tung, Nikita Chruschtschow oder Walter Ulbricht. Klar, daß auch politische Ereignisse der blau-weiß-roten Republik mit filmreifer Finesse für die Stalinstädter aufbereitet wurden, um nur einmal an die Sache mit den falschen Suppenhühnchen zu erinnern. Selbst die Hartgesottensten, die hier schon Kapuzinerklöster als Agentennester kennenlernen mußten und vielleicht geglaubt hatten, daß solcher Frevel endgültiger Höhepunkt des umtriebigen Gegners war, mußten sich eines schlechteren belehren lassen, denn das Ruchlose war durchaus steigerbar – und in Paris war Jacques Duclos verhaftet worden. Just an jenem Tag, als der KP-Chef aus der Seine-Metropole einem Ratschlag seines Arztes folgte, ab sofort Diätkost einzuhalten, und soeben ein paar Suppenhühnchen durch das Fenster seines Wagens steckte, setzten ihn die Polizeischergen, die seinem Wagen aufgelauert hatten, fest. Beweise hatten

Blick in das Tanzcafé des Hotels Lunik, 1964
»Sehr gut besucht werden auch der Frühstücksraum, die Weinterrasse und die Bar.«

sie genug: die Brieftauben zur Durchführung einer Geheimverschwörung sollten sein Indizverhängnis werden, und so mußten diese noch dazu schon toten Täubchen dafür herhalten, ein unbescholtenes Mitglied des Französichen Kongresses hinter Kerkermauern zu verwahren – ungefähr so resümierte eine Zeitung auch für unsere Stalinstädter den Eklat von damals, doch auch später blieben Eisenhüttenstadts Bewohner Frankreichs Klassenkämpfern stets gewogener als vielen anderen.

Die erste dauerhafte Vollbelegung gab es 1973 mit der Unterbringung Hunderter Chilenen nach dem Putsch, ein Akt, den viele hier im nachhinein entschieden respektabler fanden als die spätere Bettenjagd nach Alpenschillingen; doch dafür profitierten die Bewohner von der austrischen Präsenz in einem Punkt, an den sich auch in Eisenhüttenstadt schon fast niemand mehr recht erinnern kann: es gab auf einmal in der Stadt zu jeder Tages- und vor allem Nachtzeit Taxen, was bislang auch anderswo undenkbar war und selbst die Messemetropole Leipzig bestenfalls zweimal im Jahr erleben durfte.

Für Eisenhüttenstadt waren es die letzten wirklich guten Jahre, wenn es auch bereits seit dem Beginn der Siebziger zunehmend eine Stadt wie viele wurde, mit Versorgungsmängeln, Plattensiedlungen, Problemen in der Infrastruktur der Kommune, die zudem den Sturz in die Normalität als doppelt hart empfinden mußte. In den Achtzigern erreichte Eisenhüttenstadt sogar das durchschnittliche Eingabenniveau von anderen, vernachlässigten Ortschaften, für das ZK der SED Beleg genug, daß auch die Stahlarbeiterstadt dem Fortschritt langsam, aber um so sicherer abhanden kam.

»Diese Zeit ist eine Wende,
Hoffnung ist ihr Stern.
Diese Zeit braucht deine Hände,
halte dich nicht fern.«

Inzwischen sind die »Faustkämpfer der Walzstraße« längst ohne jede Zuversicht und größtenteils Flaneure wider Willen, die der Stadt nicht mehr viel Gutes abgewinnen können. Von den mehr als zwölftausend Kollegen steht kein Viertel mehr in Lohn und Brot, noch lediglich dreitausend Mitarbeiter. Doch auch diese Zahl wird mindestens nochmals halbiert, egal, mit wem die Treuhand die so oft Verschmähte schließlich noch vermählt. Der große Rest steht vor der Frittenbude und erzählt von »damals«. Damals war vor kaum fünf Jahren, heute scheint die Stadt ein großes Altenheim, und ab und zu gehen die Senioren, statt in ihren unverdienten Ruhestand, noch immer auf die Straßen ihrer Stadt, um unbekannte Herren in Brüssel zu beschimpfen, die an ihrer Muße schuld sein – eine Farce und eine wirkliche Tragödie. Früher galt in dieser Stadt für asozial, wer keiner Arbeit nachging, heute ist suspekt, wer hier noch seinen Job besitzt. Mehr als die Hälfte des gesamten Stahlaufkommens wurde in der DDR in Eisenhüttenstadt gegossen, doch soll künftig nur der jüngste Teil des Werks erhalten bleiben, aber das ist längst nicht sicher. Fällt auch dieses Werk, ist die berühmte Siedlung mausetot, denn um das sogenannte Kernstück haben sich inzwischen zahlreiche Gewerbe angesiedelt, doch sie alle fallen, um im Bild der Stahlarbeiterstadt zu bleiben, wie die Eisenspäne vom Magnetkern, wenn er keinen Strom mehr zugeführt bekommt. Dann wird der »Faustische Prolog« von 1950 endgültig zum Epilog der frühen Jahre, und die psalmodierende Kantate Marchwitzas, die man inzwischen längst wieder mit Nachsicht hört, tritt mit dem Rock der letzten Barden von der Ofenbühne ab, wo allenfalls noch ein Gitarrendraht zum Glühen gebracht wird:

»Eisenhüttenstadt – laß dich nicht hängen,
mach bloß nicht schlapp.
Eisenhüttenstadt – paß auf dich auf,
die Zeit wird knapp.
Hütte – jetzt tanzen wir um deinen Stahl.
Hütte – du und deine IG Metall.
Gute Maloche für gutes Geld,
keine Geisterstadt am Arsch der Welt.«

Doch deren Züge hat die einst so prominente Stadt durchaus schon angenommen, die an ihren negativen Schlagzeilen zerbricht, ohne sie beeinflussen zu können. Die berühmten Wohnungen mit ihren turmartigen Erkern, dem Parkett und all den anderen Ungewöhnlichkeiten aus den sonst eher bescheidenen Zeiten könnten bald auf halben Straßenzügen leer stehen, denn die Enkel unserer frühen Kolonisten müssen wohl die Stadt verlassen, wenn sie nicht ihr Schicksal teilen wollen. Von den achttausend Quartieren, die man 1950 mit dem damals so unglaublichen Komfort geplant hatte, stehen rund achthundert heute schon leer – wer kann, verläßt die Stadt.

Der übergroße Rest der Einwohner jedoch ist größtenteils

in einem Alter, wo ein Neubeginn auf keinem Arbeitsmarkt mehr möglich ist. Die Stadt ist wieder bei sich selber angekommen, und die Zeiten ähneln für die Einwohner wieder viel stärker denen, als hier weniger noch mehr war und der größte Kommunalexzeß der selbstverliehene Titel »Tor zum Osten«. In den fünfziger Jahren lasen sie und ihre Kinder noch in Büchern, »Wie der Stahl gehärtet wurde«, heute lesen ihre Enkel in der Zeitung, wie man ihn entrosten werde.

Mittlerweile ist die Stadt tatsächlich ein Museum auch für Interessenten, die mit Petticoat und Lederschlips schon nichts mehr anzufangen wissen: wer sie einmal ganz und gar, von ihrem ersten bis zum jüngsten Wohnkomplex durchläuft, ermißt dabei, gewissermaßen schrittweise, nicht nur verschiedene Phasen ihrer allzeit mißverstandenen Baugeschichte, er begeht zugleich auf kleinstem Raum die vier Jahrzehnte einer Welt von gestern, in der einst das neue Leben ausgetragen werden sollte und die gerade daher stets die kleine blieb.

In unseren Romanen war sie einst die große und von Meisterhand geschaffene Landschaft der versetzten Berge, die dem Antlitz eines unerschütterlichen Willens weichen mußten. Mächtig und beharrlich schob die meisterliche Pranke, und der Meister selber war die Klasse unserer Arbeiter, die so zur Meisterklasse wurde, nicht zuletzt durch Virtuosen, die geschickter ihren Niethammer zum Klingen brachten als so mancher erste Geiger seine Violine. Eine mächtige, lebende Orgel sei die Klasse, hieß es metaphorisch – ausgerechnet hier in Stalinstadt –, und auch die führende Partei sei längst kein ungestalter, hitzköpfiger Haufe mehr, das Roheisen der schlecht geschulten Funktionäre war inzwischen abgekühlt und zur Phalanx gebildeter Persönlichkeiten in diversen Aufbaustudien geformt worden. Sie waren bereits in besser eingerichtete Baracken umgezogen und erklärten unseren Schaffenden, es gäbe Zeiten, die man wie ein Neugeborenes behandeln müsse, so beglückend, voll von tätiger Verantwortung wären sie – und voller Güte.

Blick auf die moderne Gaststätte »Aktivist«, 1960

Doch die Qualität der Stadt, die einst so ausschließlich in ihren Häusern lag, sucht mancher nun inzwischen wieder außerhalb von ihnen, in der pittoresken Landschaft rund um Eisenhüttenstadt, wo viele unserer Hüttenwerker zu den ersten Datschenbauern zählten und inzwischen einen Trost besitzen, auf den nur die wenigsten in Brandenburg verweisen können: ihre Scholle war von jeher Volkes eigen, und kein alter Eigentümer baut sich plötzlich vor dem Gartentor auf und erzählt von Kindertagen unterm Stalinstädter Birnbaum.

Wenigstens die älteren Eisenhüttenstädter können so gelassen in die Sonne blinzeln und die Füße auf den Tisch legen, was ihnen die Berichterstatter feindlicher Gazetten schon vor vierzig Jahren unterstellten, als noch längst nicht jeder Stalinstädter einen eigenen Tisch besaß. Wenn sie auch schon lang nicht mehr zu dem Millionenheer gehören, das als Siedler-, Gärtner- und auch Kleintierzüchterinnung allzeit eine Macht

Blick von einem Kühlturm auf die Hochöfen, 1954

im Staate war – die Kinder werden sie vermutlich nicht beerben wollen; ihnen schwante früher schon, daß manches vielleicht weniger idyllisch bleiben könnte, als es damals schien, als sie noch tapfer vor der Führung flunkerten, sie würden eines Tages ganz genauso alt aussehen wie diese, denn die Allerjüngsten wollten so werden wie sie. Die Grußbotschaft der Pioniere Stalinstadts nahm das Präsidium des Parteitages mit weisem Schmunzeln auf, und amüsierter noch gab sich die Loge darüber, daß dieser Wunsch natürlich nicht an erster Stelle stand. Das Wichtigste sei nämlich, daß sie jetzt die Wahrheit lernten, früher aber alle Lehrer ihren Kinder bösen Schwindel unterreiben mußten – abermals quittierten die Genossen die Erkenntnisse mit Heiterkeit und dankten ihren kindischen Gesandten damals, weil auch deren Einsicht bald den Schlotbaronen, Krautjunkern und Itzenplitzens an die Nieren gehen würde, wenn erst der Parteitag als das wichtigste Organ gewählt sei.

Doch ein Pionierlied jener Tage sah die guten Jahre scheinbar damals schon bedroht, wenn nicht bereits verweht, und memorierte eine Zukunft, die schon weit zurücklag:

»Gestern, gestern, das war
nicht unsere Welt, doch
einmal fragen unsere Kinder
nach den Spuren dieser Zeit.«

Die sie prägten und als Wege zu den proletarisch-revolutionären Paradiesen weisen wollten, sitzen heute selbst im Orkus. Schade – Walter Ulbricht wüßte sicher wieder Abhilfe, ist er doch schon in Zeiten, als die Stadt noch nicht als abzuspeckende Problemzone traktiert wurde, für ihren allzeit unerschütterlichen Frohsinn aufgekommen:

»Wir arbeiten hier schon fünfzehn Jahre ohne Kesselstein«, soll einst bei einer Führung der Direktor stolz verkündet haben; Walter Ulbricht antwortete selbstgewiß und unvermessen: »Wird besorgt, Genossen, wird besorgt!«

Bildnachweis

Alle Abbildungen wurden zur Verfügung gestellt vom Bundesarchiv Koblenz – ADN-Archiv. Die als Zitate gekennzeichneten Bildlegenden geben die jeweiligen Originaltexte der DDR-Bildagentur wieder.

AtV

Band 1561 **Tilo Köhler**

Unser die Straße – Unser der Sieg

Die Stalinallee

Mit 42 Abbildungen
142 Seiten
ISBN 3-7466-1561-5

Ein informativer wie launiger Spaziergang durch die Stalinallee und die 50er und 60er Jahre der DDR, die sich nirgends so typisch widerspiegeln sollten wie in dieser Prachtstraße.

»Blendend, amüsant, Stadtfeuilleton im besten Sinne.« *SFB*

AtV

Band 1563

Tilo Köhler
Lust am Schaffen – Freude am Leben
Die Stalinwerke

Mit 24 Abbildungen
126 Seiten
ISBN 3-7466-1563-1

Der dritte Teil dieser beispielhaften lässig-ironischen Kulturgeschichte des DDR-Alltags erzählt Historie, Histörchen, Anekdoten, Parolen und Tatsachen direkt von der Werkbank des »Neuen Menschen« in den Stalinwerken.

AtV

Band 1232 **Tilo Köhler**

Comedian Harmonists

Roman

304 Seiten
ISBN 3-7466-1232-2

Wie die große Geschichte in Schicksale eingreift, dafür sind die Comedian Harmonists ein berührendes Exempel. Der kometenhafte Aufstieg von sechs mittellosen jungen Männern zu einem weltberühmten Vokalensemble und dessen abruptes Ende 1935, als drei jüdische Sänger außer Landes getrieben wurden, bilden den authentischen Hintergrund dieses Romans. Der gleichnamige Film war einer der größten deutschen Kinoerfolge der letzten Jahre.

»Der Sound der Comedian Harmonists wird das Jahrhundert überleben wie derjenige der Beatles. Ein Romanstoff, den das Leben schrieb.« *Die Welt*

AtV

Band 1533 **Brigitte Reimann**

Ankunft im Alltag

Roman

264 Seiten

ISBN 3-7466-1533-X

Gleich nach dem Abitur gehen Curt, Nikolaus und Recha für ein Jahr in einen Großbetrieb, in eine für sie fremde, aufregende Welt. Ein bißchen Trotz ist dabei im Spiel, viel Idealismus und noch mehr Abenteuerlust. Wie schwierig es werden wird, sich zu behaupten, ahnt am Anfang keiner, und daß beide Jungen sich in Recha verlieben macht, es nicht leichter.

AtV

Band 1193 **Hermann Kant**

Die Aula

Roman

464 Seiten
ISBN 3-7466-1193-8

Diesen Roman über einen jungen Mann, der eine Abschiedsrede halten soll und darüber ins Erinnern gerät, haben Leser und Kritiker sofort nach Erscheinen als großen Spaß gefeiert. Ein »Geschichts- und Geschichtenbuch« über die Anfänge der DDR, ohne die man ihr Ende nicht verstehen kann.

AtV

Band 1124

Christoph Hein
Der Tangospieler

Erzählung

206 Seiten
ISBN 3-7466-1124-5

Erzählt wird die Geschichte eines jungen Historikers, der mit 21 Monaten Gefängnis für einen Studentenulk hat büßen müssen. Durch den Knast wird seine Biographie folgerichtig: Dallow ist ein Mensch, der das Gefängnis wittert und der es, als er wirklich darin gesessen hat, endlich sicher zu identifizieren vermag: als das Medium seines Daseins vorher, nachher, immerdar.

Barbara Sichtermann

AtV

Band 1532

Brigitte Reimann / Christa Wolf
Sei gegrüßt und lebe

Eine Freundschaft in Briefen 1964–1973

Herausgegeben von Angela Drescher

190 Seiten
ISBN 3-7466-1532-1

Brigitte Reimann und Christa Wolf lernten sich 1963 auf einer Reise kennen. Es war der Beginn einer Freundschaft zweier eigenwilliger Frauen, die sich in ihrem Anderssein akzeptierten und mochten. Für beide waren es krisenhafte Jahre, durchzogen von persönlichen Konflikten, bedrohlichen Erkrankungen und politischen Spannungen. Zu einer Zeit, in der man vieles nicht offen schreiben konnte, vertrauten sie sich in Briefen Sorgen, Ängste und Träume an, verstanden einander oft schon durch Andeutungen. Vom Tod überschattet, handelt ihre Korrespondenz gleichwohl vom intensiven Leben, zu dem eine der anderen Mut macht.

AtV

Band 5404 **Erwin Strittmatter**

Ole Bienkopp

Roman

408 Seiten

ISBN 3-7466-5404-1

Ole Bienkopp hat einen erfinderischen Bauernverstand. Der treibt ihn an, Dinge zu tun, die andere als unvernünftig belächeln. Für Ole aber ist vernünftig, was Menschen nutzt, die NEUE BAUERNGEMEINSCHAFT zum Beispiel, in der die mit wenig Land sich zusammentun und einander helfen. Der Weg für die Gerechtigkeit, Oles alter Traum, scheint frei. Doch Vorurteile, Verrat und Neid türmen Berge auf. Am schmerzhaftesten aber trifft Ole die Unvernunft einer überorganisierten Bürokratie und der Buchstabengehorsam derer, die er zu den Gerechten zählte. Voll Trotz und Zorn tritt Ole gegen den Parteiapparat an, der ihn in Stich gelassen und tödlich enttäuscht hat.